浪花朵朵

不急不吼做妈妈

お母さんのガミガミが子どもをダメにする

[日] 山崎房一 著　程俐 译

浙江教育出版社·杭州

请按本书内容认真实施。
我保证您一定可以亲眼见证它的效果。

——山崎房一

序　言

岩本叶菜子是两个孩子的妈妈。

为了成为一名温柔的妈妈，岩本一直在参加"妈妈讲座"。即便如此，她偶尔还是会忍不住急躁发火。一天晚上，她问了两个儿子几个自己比较在意的问题。

"妈妈生气发火时，你们的心情会怎么样？"

正在读小学二年级的大儿子小孝回答说：

"本来挺放松的心嗖地一下抽紧了……心中原本阳光灿烂，就在妈妈发火的一瞬间，阳光消失了，只剩下黑漆漆的一片……"

然后读托儿所大班的二儿子小保回答说：

"心里慌慌的，咯噔一下，会哭，想要妈妈抱抱我！"

"那如果妈妈每天总是生气发火呢？"

"那我们会生病哦!"两个人异口同声地回答。

她又问:"那如果妈妈向你们道歉,你们的心情又会变得怎么样呢?"

大儿子说:"妈妈看起来很伤心,所以我会觉得她好可怜。"

二儿子说:"我会笑啊,然后亲妈妈一下,笑了就好了呀。"

两个人很友好地给出了答案。

现在,小孝和小保的眼睛都炯炯有神。无论多忙,只要一开始和孩子们说话,岩本就会优先考虑小孝和小保的心情,把家务撂在一边,温柔地注视他们稚嫩的双眼,一边用类似"是吗?真了不起!""这样啊?"的话语随声附和,一边专心致志地听他们说话。

她再也不会像以前那样,用"妈妈很忙,快点儿说"来催促他们,也不会用诸如"你是不是想说……"来抢先说出他们的要求。

他们相信自己遇到困难时,爸爸妈妈总会帮助自己，总会支持自己。有了这样的信念，两个孩子就能安心地走好自己的路了。

就算妈妈不催，小孝也会自己完成作业，做好第二天上学的准备。他的考试成绩基本维持在九十五分以上，还很喜欢踢足球。他已经变得非常自信，相信自己无所不能了。

"现在的小孝不再是以前那个害怕妈妈、看妈妈脸色行事的被动男孩，而是一个能自主学习的孩子了，所以我很放心。"

"没想到那么辛苦、那么令人讨厌的育儿苦差事也能变得如此开心！现在的小孝和小保都变得非常可爱。"岩本叶菜子笑眯眯地对我说道。

她的一句"抚养孩子变得很开心"让我再次信心倍增，深信自己开设"妈妈讲座"的做法无比正确。

凭我多年来的教育经验，一旦妈妈能从育儿中感受到快乐，那么这位妈妈培养出来的孩子定能很快脱颖而出，这真是不可思议。

我相信本书一定能让各位读者体会到育儿的乐趣。

山崎房一

目　录

第一章　放弃喋喋不休，孩子就会改变

1 "你能行！"的暗示激发孩子潜能　3
妈妈的一句话　4
"妈妈讲座"体验报告▷停止喋喋不休，就能做个合格的
　　妈妈　8
不知道自己的优点　11
妈妈的言语影响孩子成长　14
"妈妈讲座"体验报告▷诗歌　16
赋予自信，自我成长　19
发明大王爱迪生　24
缺点并非不好　25
克服缺点的关键　28

2 "妈妈支持你"的理念让孩子变强大　31
对妈妈的不信任感　31
"妈妈讲座"体验报告▷若爱得到确认，孩子就能重新
　　振作　35
不认同孩子的个性　36
所谓真正的母性　41

孩子是尚未发育完全的大人　44

3 **表扬提升人格，唠叨泯灭个性**　47
　　孩子能否健康成长与妈妈息息相关　48
　　被告知优点的孩子　51
　　尊重孩子的想法　53
　　"妈妈讲座"体验报告▷妈妈温柔，孩子才能学会温柔　56

4 **不把孩子当大人，孩子就成不了大人**　59
　　孩子渴望获得认同　60
　　被当成大人的孩子　62

5 **重视孩子的梦想，培养孩子的干劲**　67
　　禁止和强制阻碍孩子成长　68
　　"妈妈讲座"体验报告▷任性是做事积极性和自立的萌芽　69
　　怀揣梦想的意义　73
　　否定梦想，有害无益　75

第二章　怎样做才能停止喋喋不休？

1 **喋喋不休的根源**　81
　　承认真实的自己　84
　　"妈妈讲座"体验报告▷爸爸妈妈都不是天使　87
　　妈妈的"缺点过敏症"　89
　　心灵的自由让喋喋不休消失　93

"妈妈讲座"体验报告▷与其责备孩子，不如理解孩子　95
没有行动的爱不是真正的爱　99
"妈妈讲座"体验报告▷温柔是通过态度传递的　101
做个温柔的妈妈　103
"妈妈讲座"体验报告▷被喋喋不休搞得疲惫不堪的孩子们　104

2 怎么做才能让孩子的能力有所飞跃　108
宽恕能使孩子改过自新　108
安心感与注意力　112
"妈妈讲座"体验报告▷心若安定，尿床也能治愈　114
净被批评的孩子　117
"妈妈讲座"体验报告▷你怀疑孩子，孩子就会撒谎　119
语言互动很重要　122
"妈妈讲座"体验报告▷首先从妈妈开始学习　124

3 一边忍耐一边抚养孩子？　126
好管的孩子就是好孩子？　127
尊重孩子自己绘制的人生草图　130

4 教育就是帮助孩子获得成长的动力　134
最好的教育方法：停止喋喋不休　134
说一句"妈妈错了"　138
孩子希望从父母那里得到什么？　142

"妈妈讲座"体验报告▷父母关系融洽，孩子就会成长　149

"妈妈讲座"体验报告▷诗歌　152

父母与孩子的同一性　154

第三章　五周速成的妈妈教室

1　第一周行动指南　165

2　第二周行动指南　179

3　第三周行动指南　188

4　第四周行动指南　199

5　第五周行动指南　210

后　记　217

第一章

放弃喋喋不休,孩子就会改变

1

"你能行!"的暗示
激发孩子潜能

"You can do it(你能行)!"

过去,我曾在电影里见过这样一幕场景。虽然我已经记不起电影的片名,但那一幕却深深地烙在我的脑海里,至今历历在目。身后的饿狼渐渐逼近,如果不跨越那道深谷,年幼的妹妹就会被饿狼吞噬。于是,影片的主人公对着年幼的妹妹大声呼喊:"跨过深谷,到哥哥这边来!"

深不见底的山谷,影片的主人公早已一跃而过,然而,此时的妹妹却被恐惧包围,留在深谷那头一个劲儿地放声大哭:"我好怕啊,哥哥!"

哥哥挥起双手噙泪喊道:"你能行的!快,跳过来,一定行的!"

哥哥的鼓励给了妹妹莫大的勇气,于是她匆忙拉起裙子,鼓足勇气,然后纵身一跃。妹妹幼小的身躯在空中跳跃,转瞬间,一双小手已经拽住了哥哥前胸的衣服。最终,妹妹成功克服了之前难以想象的巨大困难,保住了自己的性命。

很显然,赋予她这种勇气的正是"You can do it"这句鼓励的话。

其实,我想在本书中表达的主题,也就是本书的精髓都凝聚在主人公的这句话中。因为教育的本质在于不断地告诉孩子"You can do it",换言之就是百分之百地给予孩子肯定。

妈妈的一句话

有个妈妈跑来找我,向我吐了一肚子苦水,说她对教育自己的儿子失去了自信。她的儿子无精打采,每天只会无所事事地看电视。

有时她会提醒儿子"你该去学习了",可儿子却搬出一套让人捉摸不透的理论,强词夺理地说:"就是因为你要我学习,所以我才不学的。"如果再强迫他学习,他就会胡闹起来,让人束手无策。

"我已经不知道该怎么办了!"

这位妈妈无力地摇着头,一副精疲力竭的样子,但她嘴里依然喋喋不休。

"你是个白痴吗?居然考出这样的成绩。"

"你是个差生。哎,妈妈我真为你感到羞耻。"

她一直对着自己的儿子反复叫喊着"你不行(You can't do it)"。

这位妈妈一点儿也没有意识到,让她儿子变得无精打采、情绪不稳的原因不是别的,正是她否定儿子的那些言行。身后恶狼迫近,她却还在说些"你是跨不过那道深谷的"之类的打击人的话,任谁都会失去"跨越深谷"的勇气。正如前文中提到的那个妹妹,如果她没有听到鼓励的话获得自信,很大可能会被饿狼吞噬或者跌入深谷的吧。

然而,我们也不能一味责怪这位妈妈。她之所以说话不留情面,本意也是为了让儿子振作起来。她原本希望儿子听了这些话后能奋起直追,开始拼命学习。无奈事与愿违,这一期待完全落空。她的责备不仅没有对儿子起到任何积极的作用,反而让他彻底消沉。

那么,我们来分析一下令他彻底失去学习动力的心理机制吧!

人是通过学习行为吸收新知识,慢慢长大成人的。

人向新的行动发起挑战的动力是什么呢?

直接说出结论吧——就是为了快乐。

小宝宝扶着墙蹒跚学步时,爸爸妈妈会鼓掌以示喜悦。小宝宝不再扶墙,开始朝着妈妈的方向迈开步子时,妈妈已经沉醉在喜悦之中。妈妈会一把抱起走了两三步后一屁股坐倒在地的小宝宝,贴着他的小脸蛋,百分之百地肯定孩子说"你好厉害哦"。

感受到妈妈喜悦的小宝宝会觉得非常满足。由此,小宝宝的心中多了一份安心和勇气。所以这个小宝宝一定能够学会走路。

我们再回到刚才的那个例子。

她的儿子说"就是因为你要我学习,所以我才不学的"。这种不合逻辑的说法其实是他的一种反抗。

他之所以会产生这种反抗心理,就是因为妈妈的言行既让他失去了对妈妈的信任感,又让他丧失了安心感。有时妈妈尖锐指出问题的方法未必就不得要领,但却引起了他的强烈反感,将他逼到惶惶不安之中。

人一旦焦虑不安就无法专心致志。焦虑不安的表现是一种身处此地感到危险时所发出的求救信号(SOS),在这种情况下,人根本做不到专心致志。他那令人费解的"就是因为你要我学习,所以我才不学的",对他而言,这句话基本上是合乎逻辑的。

妈妈的斥责迫使他产生了巨大的焦虑和不安。原本应是非常愉快的学习行为,因为妈妈的一句话而变得痛苦不堪。所以他才会对那个让他焦虑不安、无法集中精力学习的妈妈顶嘴说"所以我才不学的"。

"妈妈讲座"体验报告
▷停止喋喋不休，就能做个合格的妈妈

[后悔喋喋不休给儿子造成的压力]

尽管学校的老师信誓旦旦地打包票说，利孝（当时十二岁）的成绩一定可以考上自己心仪的初中，但利孝还是在小升初的考试中败下阵来。一进考场，利孝就觉得脑子嗡嗡作响，紧张得不行，明明不是什么特别难的考试，却几乎一败涂地。

看着垂头丧气、怅然若失的儿子，我变得越来越焦躁不安。和平常一样，唠叨脱口而出："哎，这下惨啦，亲戚家的孩子一个个都考上了好学校，就你考砸了，妈妈我都不好意思出去见人了呢！"

"就因为你总是这么说，所以我的考卷上才会浮现你生气地说着'不许考不上'时的可怕面孔……"利孝说不下去了，哇哇大哭起来。我第一次意识到害儿子落榜、让他痛苦不堪的根源竟然出在我的好面子上。

山崎老师的一番话点醒了愕然失色的我。

"就算读的是第二志愿学校、三流学校又有什么不

好呢？他可以通过自己的努力让他所读的学校变成一流学校。当他能够成就那所学校的时候，自己就可以成为一流人物。'包装纸（以学校判断学生）'的时代一去不复返了，现在已是注重内在（学生本人实力）的时代了。"

现在，利孝正在复习，准备参加高考。我也不想再给他任何压力。无论他考入哪所大学，只要是他想去的大学、他考得上的大学，对他而言就是最好的大学——我从心底里这样想。

［尝试停止喋喋不休］

以前，为了督促小学五年级的洋介学习，每次只要一看到他，我都会唠唠叨叨地问类似"你作业做完了吗？""汉字听写完成了吗？"的问题。

但是仔细想想，就算洋介在我的喋喋不休下能考九十分，也不过是因为对我的唠叨的恐惧，并非本人的真正实力。所以从长远来看，与其让他考个这样的九十分，还不如我什么也不说，让他凭借自己的实力考个五十分，更有利于他个人的成长。

当我意识到喋喋不休的教育方式很拙劣，还会起到反作用时，我决定不再唠叨。当然，有时"快去学习！不学习怎么行！"之类斥责的话到了嘴边，我也会把它们硬生生地咽下去，忍住不说。

就在这个忍耐的过程中，原本只能考四五十分的洋介成绩慢慢上升到了六七十分。

第二学期期末考的那天早上，我在玄关和洋介握了一次手。

"妈妈，今天开始期末考试了。第一门考算术。"

"是吗？我家洋介很聪明的，考试一定没问题。不过呢，如果你遇到了不懂或者做不出来的题目也不要担心，随它去好了，千万不要着急。"

"嗯，那我走了哦。"

洋介精神饱满地出门了，过了晌午，他又精神饱满地回家了。

"妈妈，我回来了！"

"你回来啦。"

"妈妈，这次算术我大概能考一百分。早上妈妈不是跟我说'就算不懂，不会做也没关系'的吗？

"我一看试卷，发现①和④不会做就没管它们，先把会做的题目做完了。然后再慢慢地把①和④看了一遍，结果就做出来了！"

"是吗，真厉害呀！"

三天后，洋介就拿着写有一百分的卷子回家来了。

不知道自己的优点

我在自己主办的阳光学院，给新生们安排了一场极为简单的考试。其中有一道题是"请你写出自己的优点"。结果，孩子们都抱着头苦恼不已。有些孩子最终什么也没写，一边挠着头，一边将那张小卷子悄悄地放在我的桌子上后就想回座位。

"等一下。"

我叫住那些学生，

"优点栏你们还什么也没填呢。"

"嗯……"

他们一个个不知所措，扭捏着身子这样回答道：

"我没有优点。"

"一个人怎么可能没有优点呢?你不是在缺点栏里写了很多自己的缺点吗?"

"嗯,那是因为……我考试成绩差、做事磨蹭、头脑迟钝……"

"为什么?"

"因为妈妈经常这么说我。"

不少妈妈习惯于尖锐地指出孩子的缺点。她们把孩子的弱点一个接一个地揪出来,摆在眼前痛斥谴责,所以孩子们才会对自己的缺点了如指掌。然而,这些孩子却很少甚至从来没有从妈妈那里听到什么表扬。

说到这里,请大家回想一下我在文章开头所说的那句"You can do it"。

如果一个人总被别人说"你是不行的""你全身上下一无是处",那么不要说是一个孩子,就算是大人也会丧失做事的动力。要知道,人如果总是遭到别人的挖苦和贬低,真的有可能做出坏事的。一个总是被骂成"蠢货"的人,很容易变成一个愚蠢的懒人。

自豪、自信等积极因素会促使人有气魄、有能力去"好好学习""不半途而废""遵守约定",这是有着丰富人生阅历的成年人都明白的道理。

如果一个总被骂作"蠢货"的孩子能成长为一名优秀人才,那才真叫奇迹呢!

孩子是根据妈妈的评价来认识自己的。即便是成年人也不得不依赖第三方对自己做出评价,更何况是孩子。如果妈妈总是说孩子是蠢货,那么孩子就会认为自己是个蠢货无疑。

如果妈妈经常对孩子说"你是个积极的孩子",那么这个孩子就会充满自信,他会想:是吗?原来我是个积极的孩子啊,那我以后更要铆足干劲了。而如果妈妈老是对孩子说"你这个孩子真没干劲",那么这个孩子就可能非常沮丧地认为"我是个毫无干劲的人"。

孩子不知道自己的优点,一个很大的原因是他的妈妈没有对他说过诸如"你是个有出息的孩子"之类的表扬。如果从自己最爱的妈妈口中听到的都是"你太磨蹭了""你是个懒人""你是个窝囊废"之类的话,慢慢地,这个孩子便会丧失自信。

被迫在幼小的肩膀上担负"缺点"重压的孩子,做事往往没有自信,总是一副垂头丧气的样子。他们无法做到真正的安心，总是想着防范别人。因为他们总是担心别人会来揭自己的短，会来斥责自己。

妈妈的言语影响孩子成长

学生可以分为两类。

一类是对上课内容感兴趣、能静下心来集中注意力学习的学生；另一类是关注老师而非上课内容的学生。

前者心无旁骛，总能处于专心致志的状态。所以老师说的话能源源不断地进入他的大脑。

而后者的心始终紧绷着，二十四小时处于警戒状态，非常紧张。因为比起上课内容他更在乎老师的存在。于是他精疲力竭，变得讨厌上自己听不懂的课，最终对学习本身丧失兴趣。但是如果有人不断对他做出评价说"你能行的"，那他就同时获得了安心感和自信，不仅能无所畏惧地鼓起勇气奋勇向前，还能专心致志地做任何事。

在孩子这张白纸上写些什么，取决于爸爸妈妈的裁夺。

在日本，孩子出生后，有些爸爸妈妈就会把给孩子取好的名字写在白纸上，比如"太郎"，然后自豪地将其贴在墙上仔细端详，这就是所谓的"父母心"。天下没有一个父母会在这张纸上写下类似"拖拉鬼""懒人"这样的词汇。然而，当自己的孩子就在跟前时，却有不少父母会毫不在乎地说出这些字眼。

妈妈是给孩子的天资定格的人。其实幼儿在妈妈告诉他"你是个男孩子"之前，并未意识到自己是个男孩，直到妈妈告诉他"你是个男孩子"时，他才会意识到原来自己是个男孩子。

可以说，孩子最初的好坏都是由妈妈的一张嘴铸就的，因为孩子自我意识的形成来源于妈妈口中说出来的话语。

让我们试着用另一种眼光来审视这个被妈妈说得一文不值、安静不下来的孩子吧。

换做是我，我会这样说：

"这个孩子是个行动家，他有着旺盛的好奇心，自由奔放，是个非常快乐的孩子。而且我还惊讶地发现他感觉灵敏,一定是一个值得期待的孩子。"

站在一旁听到这番话的孩子一定会张大鼻孔,挺起胸膛,满怀希望地傲视四周吧。

我们必须承认为刚出生的孩子取名、斟酌名字笔画、祝福孩子的心境,与谩骂、打击孩子的行为是截然相反的。可是,采取后者的妈妈却大有人在。

"妈妈讲座"体验报告
▷ 诗歌

让我做我自己,可好?
很爱很爱你,我的妈妈
好想拜托你,我的妈妈
请你理解理解我的心情吧
当你看到我时
别再唠唠叨叨

从早到晚我都紧绷着一根弦

时时刻刻留意着妈妈的心情

我真的好累好累

如果我变成妈妈唠叨的那样

我就不再是我自己

只会变成无线操纵的木偶

任由喋喋不休的剪刀裁剪

我被捆绑了手脚

甚至无法张嘴

成了一只既老实又听话的螃蟹

我不要成为那样的螃蟹

嘿,妈妈

让我做我自己不是挺好

我成不了妈妈所要求的样子

我把自己的所思所想

原原本本地说出来可好

我把我想做的事情

实实在在地做出来可好
至于它是好是坏
即便没有妈妈的唠叨
老天也会让我知道

妈妈,请允许我
做我自己可好
我哪里也去不了
如果你再不许我做我自己
我便会发狂发躁

我的妈妈有一颗宽大的心
我的妈妈有一颗温柔的心
请你听听我的心声
请许我做我自己可好

赋予自信，自我成长

孩子如果无法从妈妈的言语中感受到爱，精神就会被恐怖和绝望摧毁。

孩子一旦被斥责被挖苦，就会怀疑爱的存在，心生恐惧。所以，那样是起不到教育的效果的。但是孩子一旦被表扬，眼中就会熠熠放光大步前进。因为他们从妈妈的言语中感受到了爱。

教育完全不需要威胁和恐吓。如果我们面对的是老成世故的大人，严厉的责骂或许会是一剂良药。但是，对于还在读小学、初中的孩子，谩骂只会起到破坏作用。

"你讨厌学习，是个差生。"妈妈的嘴巴中说过一次这样的话，就是不合格的妈妈。因为从妈妈口中说出的评价最终会被孩子接受，并导致他们成为那样的人。

孩子是一点点慢慢变强的，而且他会寻求妈妈的帮助。说得再具体些，孩子就是从妈妈的言语中获得自信，慢慢成长起来的。我可以毫不犹豫地断言，妈妈的作用就在于赋予孩子自信。

那么，怎么做才能让孩子拥有自信呢？让我们切换到这个话题上来吧。

请你始终铭记，父母的职责是在孩子取得小小成功时给予表扬。

为了让孩子集中精力，必须让孩子安心，这点早在前文中就有提及。下一步就是让孩子感受到胜利的喜悦。

读小学一年级的太郎算术考了二十分。

老师在教室里把考卷发还给太郎时，小声嘀咕了一句："好像一点儿都没搞懂呢！"

太郎一回到家，看到卷子的妈妈就指着太郎不会做的打叉部分狠狠地数落起来："哎呀，怎么回事，蠢货，连这种题都不会做？都是因为你太笨了！"妈妈的斥责，使太郎把目光完全盯在了自己不会做的百分之八十的错题上。

太郎垂下头，认定自己不擅长算术。他不仅没有了把错题重做一遍的心情，更是暗暗下定决心，以后绝对不会再把试卷给妈妈看。

就这样，太郎讨厌上算术课了。

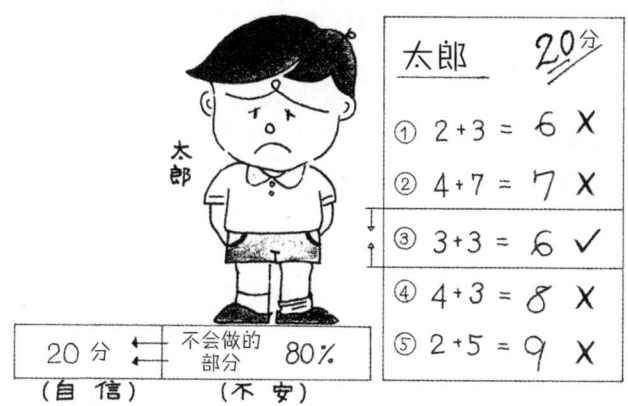

图 1　太郎的算术卷子

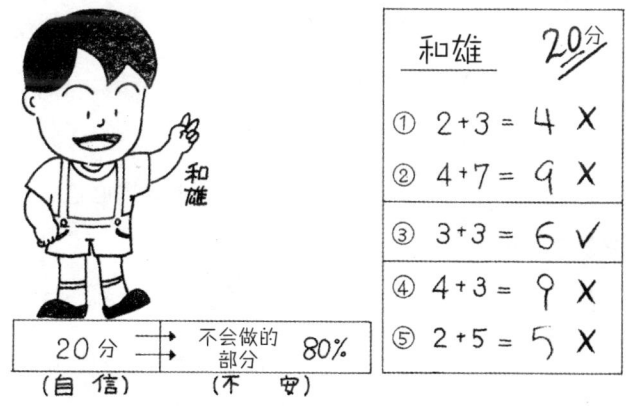

图 2　和雄的算术卷子

他明知不学习会使自己焦虑不安,但潜意识却一直悄悄地告诉他,自己不擅长算术。

因为他的自主意识和潜意识一直处于分裂状态,所以即便他现在读初中了,算术成绩也是最差的。

他总是会把算术卷子揉成皱巴巴的一团,塞进书桌的最深处,到了最后,妈妈也只能就此作罢。

同样地,读小学一年级的和雄算术也考了二十分。

老师一边把考卷发还给和雄,一边小声嘀咕道:"好像一点儿都没搞懂呢!"和雄听老师这么说心里很不安,他一路抱着自己算术是否不行的怀疑回到了家。

一直有在上"妈妈讲座"的妈妈,看了考卷后并没有表露出惊讶的神情,她这样说道:

"和雄,因为你不懂算术才需要去学校。不会做是再正常不过的事情了。不用担心……3+3=6 这道题你不是做对了吗?

"在整张试卷中,3+3=6 是最重要的一道题。只要你做对了这道题,妈妈就给和雄打一百分。因为你做对了最重要的一道题啊。剩下的题目你也不用担心,你慢慢都能做对的。"

妈妈用红色的记号笔写了一个大大的一百分。和雄的脸色一下子变得明朗起来。

"妈妈,这个应该怎么做呢?"

和雄让妈妈教他算术,还把做错的题目全部重做了一遍。

"妈妈以前也很喜欢算术,所以和雄也应该会喜欢的。瞧,重做一遍后是不是所有的题目都变简单了呢?"

就这样,和雄对算术又有了自信。同样是考二十分,妈妈不同的处理方式对孩子产生了截然不同的影响。两者的不同在于第一位妈妈关注的是孩子做错的地方,而第二位妈妈注重的是孩子做对的地方。第二位妈妈的做法消除了孩子对不会做这件事的不安,让孩子切实巩固了自己会做的地方,并把会做的范围进行了扩大。所以今后和雄的算术成绩会变好也在情理之中。同样是考二十分,用让孩子充满胜利喜悦感的评价方式,和用惨遭失败的挫败感打压孩子的做法有着天壤之别。孩子失败时,依然能让孩子感受到胜利喜悦的人是妈妈。

即便是一流作家的文稿也少不了红笔修改,只有深知"修改重要性"的作家才能跻身一流作家的行列。可以说世界上的大部分工作,都是需要反复改进才能最终完成的。不断修正改进的育儿过程,就是教育。

发明大王爱迪生

应该说,在孩子教育方面,很多人的基本理念都是有问题的。

"孩子上了幼儿园,读了小学,就必须百分之百地掌握幼儿园和小学里学到的所有东西,教过的东西必须都会",如果老师和家长抱着这样一种理念来对待孩子,那么,那些教过还不懂或者还做不出来的孩子就会被当作犯人一样对待。

就算有时孩子不会做是由于老师不够耐心或说明不到位造成的,一些家长也只会责怪孩子。

发明大王爱迪生几乎没上过学,但他为什么能够创造出包括电灯在内的这么多了不起的发明呢?

一个很重要的原因是他的内心是平静的,就算遇到自己不会或者不懂的地方也认为是正常的。只有在自己不懂或不会的问题上保持平静，才能一次又一次地奋起挑战，最终克服自己的不会或不懂。爱迪生用他数千次的尝试才发明出碳丝电灯的不懈精神告诉我们，要对不会和不懂怀有一颗平静的心。

如果爱迪生在他的不懂和不会面前感到了不安，变得胆小怯懦……而且，如果他的妈妈一直用"你为什么不会""你为什么不懂"这样的话责备他，那么结果又会怎样？他那些了不起的发明或许就不会诞生了吧。

缺点并非不好

人有所长，亦有所短。所谓人类个性，也许就是保持优点和缺点之间的相互平衡吧。

相信所有人都有过改正缺点和改变性格的想法吧。可是无论怎么努力，大部分人还是无法克服自己的缺点。所以类似"性格改造失败""自己很没用"的烦恼随之而来。

人为什么很难改掉自己的缺点呢？缺点本身有时并无过错，而且，很多时候缺点还与优点和谐共存，成了人格的一部分。

说起来，对于优缺点的判断可谓仁者见仁、智者见智，并无绝对。缺点不过是在集体生活或社会生活中被视为麻烦或困扰的部分。而且，人往往看不见自己的缺点，但借助别人的眼睛却能把自身的缺点看得一清二楚。有的孩子频繁地被妈妈指出缺点，还遭到了一波又一波的严厉斥责。

刚才我已经跟大家说过，缺点并非从外部侵入体内的病菌，而是构成人格的重要因素，而且判断好坏的标准有时非常模糊。所以对于孩子而言，妈妈的斥责映射出的是掌控人对被掌控人实施的猛烈的人格"攻击"。让一个孩子在高压下去克服连成人都无法改掉的缺点，这对他而言是极其痛苦的。这会让他感觉自己的人格被全盘否定，痛苦不堪，最终会丧失自己的性格，即整个人的稳定根基。

我说会失掉自己的稳定根基是有道理的。如果孩子在初中或高中时，一直处于自我否定的状态，妈妈那些否定孩子的喋喋不休就会深深印刻在孩子的潜意识中。所以，就算以后孩子离开妈妈生活，潜意识中仍会牢记妈妈的喋喋不休，会用妈妈的眼光二十四小时全天候地监视自己，不断地否定自己，责备自己。那是非常痛苦的，简直就像在地狱一般，而且这种痛苦让人无处可逃。

在参加"妈妈讲座"的学生中，有一个从来没有被妈妈夸过一次好孩子、一直在妈妈喋喋不休的斥责中长大的女孩。当她有了自己的第一个孩子后，对我说了下面一番话：

"结婚前我曾下过决心，绝不让自己走妈妈的老路。可我生下孩子后却发现自己和自己讨厌的那个妈妈一模一样。我不禁毛骨悚然。情绪不稳定的妈妈养育了情绪不稳定的孩子，而情绪不稳定的孩子最终又成了妈妈。我真想割断这种恶性循环。"

克服缺点的关键

有的问题,虽说是缺点,却不必去肃清它。人若是不把缺点当作缺点来接纳,就会对人格造成否定。

人格遭到否定的孩子很有可能会直接否定自我,这样不仅会使孩子难能可贵的优秀素质得不到发展,还会让孩子失去自信,自主地停止生命的跃动。接纳缺点是自己的一部分后再去改正也为时不晚。

缺点和优点就好像一副跷跷板。为了克服缺点就得让对面的优点壮大,除此之外别无他法。

撒谎和诚实是两个极端。指责撒谎者对于让他改掉撒谎的毛病毫无帮助。改掉撒谎毛病的唯一办法就是让撒谎者领悟诚实的真谛,切身感受到诚实带来的快乐。

要壮大优点,首先必须发现优点,然后还要把优点通过言语告诉本人。发现孩子的优点,并用语言讲述给孩子听,将会给孩子带去多大的勇气啊。我想这个道理已经无须我再做赘述了。

或许有人会提出反对意见,认为妈妈喋喋不休的初衷是希望孩子变好,是出于善意。但事实证明,喋喋不休的斥责只会让孩子变得更糟。而且，既然喋喋不休的结果是导致妈妈与孩子对立，那就不能用"善意"两个字草草了事了。

指出孩子缺点时要格外小心，而赞扬孩子优点时，请放心大胆地去做。

不要做出"非得肃清缺点"的威胁架势，只需思考如何让优点更壮大，那么缺点就会自己灰溜溜地消失。但是，如果你攻击缺点，缺点便会武装起来，转而进行强烈反击。

健太每周六下午都会花上两个小时的时间，从日比谷站乘坐地铁和东横线铁路去阳光学院学习，这种情况一直持续到小学毕业。

我对这个孩子和他的妈妈印象深刻。记得健太还在读小学三年级第三学期（编者注：日本的小学一般分为三个学期。4—7月为第一学期，9—12月为第二学期，1—3月为第三学期。地区不同，时间也会有所差异）时，他的班主任曾语气粗暴地对他妈妈说："你的孩子根本不能专心学习，教他什么都进不了脑子。"他妈妈听后大受打击，于是就参加了"妈妈讲座"。这个妈妈非常努力地把在"妈妈讲座"中学到的东西付诸实践。健太读五年级第一学期时,曾拿着十五张汉字小测验试卷来给我看。其中十四张都是一百分,只有一张是八十分。

而且他在五年级第一学期拿到的成绩通知单上都写着"有进步"。现在他已是一名都立高中的二年级学生了。我收到过他妈妈的来信,信上说:健太学习非常努力,成绩一直保持在全班前五名。

教育孩子的关键①

如何培养孩子的上进心?

抛开做不好的事,从做得到的事情说起,然后拼命扩大做得到的事情的范围。批评是没有用的。另外,要相信孩子的成长能力,切勿着急。发现孩子的成长梯度,表明自己对此的满意程度。

2

"妈妈支持你"的理念
让孩子变强大

对妈妈的不信任感

做妈妈的永远都相信自己是爱孩子的,自己的所作所为都是为了孩子好,她们从未对此有过怀疑。但是在很多情况下孩子未必这么想。就像被视为正义化身的法官、警察未必会站在个人这边一样,妈妈也会因为时间和情况的不同与孩子产生矛盾,这点孩子们非常清楚。

当孩子的算术只考了三十分时,妈妈就会突然变成警察,开始讯问。然后像在审讯室里审嫌疑犯一样,时而高声呵斥,时而敲得桌子咚咚作响,一步步地将嫌疑犯逼入绝境。就像嫌疑犯不会相信警察会站在自己这边一样,对于被死揪住三十分试卷不放的孩子而言,妈妈似乎成了自己的宿敌。

孩子为了保护自己,有时还会奋起反抗,和妈妈开战。他会像哀叹孤独、痛苦和不幸并被人生折磨得疲惫不堪的人一样难受。

这种时候,我们无法说妈妈是站在孩子这边的。不管妈妈叱责孩子时的那份心情是否是爱的名义下自然情感的流露,但就客观事实而言,处于这种状态下的妈妈绝不能算是孩子的朋友。

对妈妈的不信任会严重损害孩子精神上的安定感。

本来孩子一直在妈妈这座难以撼动的大山的庇护下,过着安心的生活。孩子对妈妈感到安心是一种极其正常的状态,这种安心感就像岿然不动的大地,与孩子在妈妈肚子里完全处于被保护的状态相同。

大地发生地震时,地面摇晃起来,人会变得战栗不安,根本无法维持正常的精神状态。而视妈妈为敌,就等于把自己置身于剧烈摇晃的大地震中。孩子会丧失心中的平静,无法集中注意力,甚至还会神经过敏。因为此时的孩子,就像站在剧烈摇晃的地面上一样,产生情绪上的混乱也在情理之中。

这里还有一些妈妈成为孩子敌人的其他例子。

"我家的孩子,总是热衷于看电视,玩游戏,一点儿也不喜欢学习。老师,麻烦你偶尔也帮我吼吼他。"有些妈妈会主动把孩子不好的一面透露给原先并不知情的老师。更有甚者,还有妈妈会当着孩子的面与老师这样交谈。这样做,对孩子而言都是无法容忍的"背叛"。

孩子一直都想在老师面前表现出自己美好的一面,每个孩子都拼命地希望得到老师对自己的正面评价。可是,妈妈的这一句话却让孩子跌入了失意的深渊。它不仅会让孩子之前的努力化为泡影,而且从第二天开始,看老师一眼都会变得非常痛苦。这无疑让孩子丢了面子,还可能会让老师萌生这样的想法:哦,原来他是这么一个孩子啊!那就不必特别关注了。

可能是我多嘴了,但我觉得,妈妈真不应该把老师本不知道的孩子的缺点告诉老师。老师也是平常人。毋庸置疑,有的老师会超乎寻常地介意自己学生的缺点,然后小看那个孩子,而且老师对于自己小看的孩子也不会给予过多的关心。

有时,也会存在相反的情况。在阳光学院里,曾有一个上课稍不留神就喜欢捉弄人、干扰别人安静学习的孩子。有一回,那个孩子连着两天都没来上课。我觉得纳闷,便向住在他家附近的学生打听,他的朋友告诉我他妈妈生病了。虽然他不喜欢学习,却很聪明,并不是那种会无缘无故随便旷课的孩子。后来我想起他是单亲家庭,便萌生了第二天去他家看看的念头。

之后,我从他妈妈的嘴里听到了这么一段话。

"老师,这个孩子现在读书很努力,将来一定可以考入名牌大学。大家都以为他个性粗暴,其实他对人很好的。今天早上,他还为我做了煎鸡蛋和稀饭呢。老师,他真的是个非常好的孩子。"

自从听到那番话后,我就改变了对他的态度。"原来如此,原来他是一个这么好的孩子啊。我过去只看到了他的一个方面。他要考上名牌大学可能会很难,好吧,我要尽力帮他实现他的目标。"我这样想道。我马上开始重视他,并给予了他超乎寻常的关注。

结果，他的成绩直线上升，这也是可想而知的。

"妈妈讲座"体验报告
▷若爱得到确认，孩子就能重新振作

【躺成川字形】

为了让做哥哥的小茂（小学五年级）尽早独立，从小什么事我都要求他自己动手。没想到这样的教育方式并没有使小茂早早独立，反倒是我经常帮忙扣衣服纽扣的妹妹雅子（读幼儿园大班）独立得更快。

我记得有一段时间，妹妹雅子非常活泼，而哥哥小茂却总是一副若有所失的模样。正当我迷惑不解时，我在朋友介绍的"妈妈讲座"中听到了这么一个故事。

故事的主人公是一个三岁的小男孩，这个孩子只要一看到附近的小孩就会马上走过去又打又抓。但是这种欺负人的粗暴行为，在妈妈像抱起一岁半的妹妹那样抱起他并温柔地对待他时突然停止了。他的妈妈红着眼睛这样说道："他总是黏着我，所以我常会呵斥他说'你是做哥哥的,要懂事,到一边去,别烦我!'还狠心地把他推开。所以他才会把他的这种不满发泄到附近的小朋友身上。其实他只是想让我像对待妹妹一样对待他而已。现在他会帮我叠妹妹的尿布。兄弟姐妹不宜纵向看,而应该横向看呢。"

她的话让我若有所思。小茂会不会是以为我被雅子抢走了,所以才一直感觉孤单呢……我这样想着。

于是,趁着他爸爸去大阪出差的机会,我做了一个决定,就是晚上让小茂、雅子和我一起并排睡觉。那个晚上,我悄悄地搂紧小茂轻声对他说:"妈妈非常喜欢小茂,因为小茂是妈妈的心肝宝贝。不管小茂遇到什么事,妈妈都会站在小茂这边。"结果,小茂搂着我的脖子哭了起来。

第二天早上,小茂脸上的阴霾一扫而光了。

不认同孩子的个性

以前的妈妈和现在的妈妈有什么不同呢?我觉得有必要就此陈述一下我的个人观点。

首先，最大的不同就是现在的妈妈只生养一两个孩子，而过去的妈妈生养很多孩子，多则五到八个，而且都是一块儿养大的。

当孩子很多时，妈妈自然只能认同他们各自不同的个性。诸如大儿子慢性子，二儿子性子急还是个淘气包，三儿子才华横溢，大女儿端庄贤淑，二女儿十足一个野丫头。

个性得到妈妈认同的孩子会很轻松，因为他们可以按照自己的性格和自己的节奏生活。父母也会这样为他们筹划未来："大儿子可以当公务员，让二儿子学个一技之长不失为明智之举，三儿子应该让他上大学，大女儿可以找个适当人家相亲早早出嫁，二女儿要让她再学习学习。"当然，一切未必会像父母思量的那样发展，但至少以前的父母对孩子的关心不会过于集中，所以很少会出现对孩子的过度干涉和过度保护。

自己的个性和个人风格能够得到父母的认同，对于孩子而言是件非常愉快的事。因为那是自己被充分认可的证据所在。

所以，就算父母喋喋不休地责备孩子也一点不用担心。因为至少以前的孩子是不会被这些喋喋不休彻底打败的。最后的堡垒就是他们明白就算父母唠唠叨叨地说他们，也会认同他们的个性（存在）。

如果孩子认为父母并没有把他当作一个独立个体来认同，他们肯定不愿意诚恳地向父母道歉。在他们看来，向不把自己当作一个独立个体来认同的父母道歉，说得夸张点，就相当于放弃了自己作为人的尊严。

孩子既然认为自己是大人，就会有很强的自尊心，十分珍惜作为一个人的骄傲。可以说，孩子对父母的激烈反抗就是一种殊死示威，目的是让父母认同真实的自我。

现在的父母只生一个，或者两到三个孩子。如果所生的两个孩子刚好是一男一女，事实上也可以算作独生子女，因为父母寄予男孩和女孩的期望各不相同。这也就意味着，父母对于孩子的关心还是很集中的。

过去的父母生很多孩子，所以他们不得不承认孩子的特质和个性。但现在的父母生养的子女很少，他们自然会把自己的期望全部寄托在某一个或者两个孩子身上。

父母既希望他们的孩子体力充沛堪当运动健将，又希望他心灵手巧充满艺术气息，还希望他师出名校、进一流企业、做一流人才，而且还必须温柔体贴、责任心强，是个具有高尚人格的优秀人物。

这样多的欲望该怎么实现？

如果一个家庭有五个孩子，那么在进展顺利的情况下，或许有可能实现体育健将、手工艺人、艺术家、职场精英和优秀人物的愿望。但是，如果要求一个人同时具备五个人的才智，这实在是个很过分的要求。

其实妈妈们也知道这个欲望过于庞大，根本不切实际。可是就算她们明知不可能，这一巨大的梦想还是无比清晰地存在于她们的潜意识中。

一些妈妈不知不觉抱有的这种不切实际的理想，与现实之间存在着巨大的鸿沟，而这也正是让妈妈们焦躁不安的原因所在。

可以说，妈妈们喋喋不休的根源，来自她们的欲望和现实之间存在的巨大鸿沟。所以妈妈会为了理想和现实之间的落差失望发火，唉声叹气，毫不客气地对着孩子迎头痛击，而丝毫没有受到良心上的谴责。

叱责了孩子之后，有的妈妈还会感叹一句"真是没有办法啊"。妈妈们说的这种"没有办法"到底是针对什么而言的呢？其实正是她们自己对理想和现实之间的巨大落差束手无策。

而这一切对于孩子来说则是无比沉重的负担。孩子既有缺点也有优点，有些孩子很会读书却不擅长运动，有些孩子的长处是力气大、身体好。无论什么样的孩子都有其优秀的地方。

然而，有的妈妈却丝毫没有发现孩子优秀的地方，因为她们总是拿理想中的完美人物和现实中的自家孩子做比较。

说到这里，我想大家应该明白为什么有的妈妈只拿孩子的缺点和短处当问题了吧。因为这些妈妈面对孩子时扮演的是一个打着强烈批判精神幌子、心态不正的批评家，而不是一个胸襟宽广的欣赏家。

孩子们的"真实自我"遭到妈妈否定的结果，就是把孩子逼到了人格得不到认同的不幸境地。

妈妈喋喋不休病的根源就在于现实和理想间的巨大鸿沟，这点无须多加说明。一些妈妈过于好高骛远，母子关系趋于畸形，我们有必要探寻其中的缘由。

　　这些妈妈为什么舍得对自己的孩子如此残忍呢？让我们来探讨一下这个问题。不搞清这个问题，就无法揭开喋喋不休慢性病的真正面纱。

所谓真正的母性

　　谁都知道母性，"母性本能"这个词给人以愉悦感，让人联想到妈妈温暖的怀抱。绝大多数女性一旦生育了孩子，母性本能往往会大爆发，会全身心地投入到育儿中去。可是，这种母性究竟是什么呢？

　　生下孩子进入哺乳期的女性会丢开"女性"的身份，裹上"母性"的外衣。也就是说，对于女性而言，母性是用来养育孩子的第二天性。

　　处于这个时期的女性在分泌乳汁的同时，一方面受精能力大为下降，另一方面雌激素的分泌也与非哺乳期女性大不相同。除了育儿之外，她们往往不再对其他事情感兴趣，全部的心思都放在婴儿身上，一心一意地哺育孩子。

也就是说,上天把育儿本能的母性赋予了女性。如果没有这种本能,妈妈们就无法从育儿中感受到快乐,因为育儿过程中需要的舍身忘我和自我牺牲,非笔墨所能形容。

但是,这种母性会随着孩子的长大成人而消失。女性会再次从"母性"回归到"女性",而雌激素的分泌也会从哺乳型转变成恋爱型。

过去的女性生孩子比较多,所以这种从哺乳期到恋爱期的切换平稳顺畅,女性处于母性期的时间也会相对缩短。

在这里,我为大家列出母性的三大特征:

①认为孩子是自己的一部分,把孩子完全置于自己的掌控之下。

②仅依据情绪来对待孩子,不让"尊重人格"的理性部分发挥作用。

③客观看待孩子的社会性视角严重倒退。

的确,处于母性期这一特殊时期时,母性本能的存在不无裨益。没有了这一本能,或许婴儿就会被腻烦了育儿的妈妈嫌弃或者疏远。但是，如果妈妈进入了女性期仍然无法割舍母性又会怎么样呢？那对于妈妈和孩子，甚至对于丈夫而言都是极为麻烦的。

它会促使女性不仅变成一个把孩子当成自己所有物来支配的、不承认孩子人格的、无法与孩子结成一对一社会关系的愚蠢妈妈，还与丈夫之间形成一种无法像正常女性般行动的畸形关系。

为此，无视孩子的人格，毫不客气地喋喋不休；每当孩子依照自己的意志采取某种行动时便会显得焦躁不安、神经兮兮；无法用一种自然清新的心态理解和对待身为男性的丈夫等一系列症状就会出现，按照我的说法，就是彻彻底底的"不良母性后遗症"。

那么，这里就会产生一个棘手的问题。一般来说，女性在一生中只会经历为数不多的几次分娩，所以女性期和母性期的切换很难顺利进行。加之孩子的成长速度相对缓慢，就算过个十多年也无法自立谋生。

虽然母性爆发、喂奶、在怀中抚育孩子的时间只有短短的几年，但一些妈妈却一直保留着本该消亡的母性本能，且未意识到它的严重性，所以她们总是会对着孩子挥舞其早就不被需要的"母性"。

孩子是尚未发育完全的大人

母性是一种养育婴儿的本能。婴儿依靠妈妈维系生命,对婴儿无条件付出的育儿本能便是母性。也就是说,母性是把婴儿当作自己的所有物而非独立的人来对待的一种本能。

如果承认了婴儿的人格或者个性,妈妈就无法养育孩子。妈妈以无可动摇的自信和爱将孩子当作自己的所有物、自己的分身紧紧地抱在怀里。所以婴儿才能感受到妈妈无条件的爱,才能慢慢地充实、丰盈自己作为一个人的精神世界。

可以说,人类的爱、信任和善意都是从这个时期开始萌芽的。

孩子尚在襁褓时,神圣的母性能发挥其堪称"上帝之手"的积极作用,但是一旦到了孩子慢慢懂事渴望自立的时候,过度的母性就可能会让孩子感到厌烦。

现在，我们发现了另一个导致妈妈喋喋不休的根源。那就是，现实明明要求母性功成身退，要求妈妈们用更为人性化、平等的方式对待孩子，而一些妈妈却依旧如故，继续在用母性本能的方式看待孩子。

母性虽然能让妈妈非常直观地洞悉婴儿的欲求和冲动，却对婴儿的精神世界不大关心。它有否定孩子人格的趋向，让妈妈喋喋不休地严厉叱责，并在孩子熟睡后发出"自己为什么不能对孩子温柔一点"的感叹。这种妈妈对待孩子的基本行为模式就是母性还在发挥主要作用的最好证明。

不少妈妈都是通过"母性"来看待孩子的，这导致她们无法客观地掌握孩子的真实情况和人格，而只能为孩子目前的实际情况和不切实际的理想状态之间存在的鸿沟烦恼不已。

这些妈妈最需要的就是割舍母性。

割舍母性的最好办法就是承认孩子是一个具有独立人格的人，同时思考怎样才能让他自由自在、轻松愉快地成长。为此妈妈必须停止喋喋不休，真正做到把孩子当成一个人来对待，这样孩子才能变得积极主动。这样做之后,妈妈们只需巧妙地牵好孩子身上的缰绳,便能万事大吉了。妈妈应该也可以理解自己过去的做法,无异于对不愿起步的驴子硬拉驴缰绳,徒费口舌而已。

孩子们并不是驴,他们和妈妈一样都是人,只是尚未发育完全而已。

教育孩子的关键②

什么是提高孩子能力的特效药?

请你睁大眼睛去发现孩子的优点,然后把这些优点清清楚楚地告诉孩子,而且绝对不对孩子使用否定性的语言。

3

表扬提升人格，
唠叨泯灭个性

"我家的孩子为什么会这样！"

"为什么会养出这样的性格！"

一些妈妈常常不自觉地对自家孩子进行人格攻击，可是，她们却几乎对人类性格的构成情况一无所知。

所以，我要在这里对性格和人格做一番思考。因为搞清什么是性格和人格，对于提升孩子的能力和适应力大有裨益。

孩子能否健康成长与妈妈息息相关

在我看来，人格是由四个方面组成的，父性、母性，还有童心，其中童心又可以进一步细分为两个部分，即自由童心和顺从童心，这样合起来总共四个方面。

女性中不乏具备父性气质之人，这种人或遵守规律或崇尚道德，而男性中也有母性气质很强的温柔人物，四个方面的气质错综复杂地交织在一起构成了人格。其中既有天真烂漫、温柔可亲之人，也有敦厚老实、恪守道德之人。我认为，无论哪种人，他们的人格都是由这四种气质的组合比例决定的。

除了上述四方面要素之外，还有一个为了适应社会而形成的人格。如果把人格的四个要素比喻成一匹马的四个蹄，那么为了适应社会的人格就相当于这匹马的"马首"，因为这部分人格最具智慧。

接下来，我将列出上述五大人格的外在和内在，即人格中好的一面和坏的一面。

［父性气质］

好的一面→能判断善恶

坏的一面→强硬，抱有偏见

[母性气质]

好的一面→充满关爱

坏的一面→过度保护，好管闲事

[自由之心]

好的一面→自由开朗

坏的一面→任性，以自我为中心

[顺从之心]

好的一面→对人信任，顺从老实

坏的一面→牢骚不满，具有反抗性

[社会适应能力]

好的一面→能较为客观地处理事务

坏的一面→计较得失，较为冷淡

可以说，人只有同时具备上述五大人格中好的一面，才算拥有了理想的人格。即具备判断善恶的能力、富有爱心。温柔开朗、积极向上、顺从纯朴、对人信任、容人有度，再加上善于处世。

相反地，假设有齐聚了所有坏的一面的人存在，那么这个人就会成为遭人厌弃的典型，即好强加于人、爱管闲事、任性自私、牢骚满腹、总是反抗、对人冷淡、计较得失。

拥有前一种人格的人，能在别人的支持和信任下过上幸福的人生，而拥有后一种人格的人，则会遭人厌恶，这简直就是天使和魔鬼的分别。

能调动孩子五大人格中好的一面，还是孩子人格中坏的一面，这就要看承担孩子教育责任的妈妈的本事了。我要强调应特别注意妈妈的"责备方式"。

妈妈的喋喋不休往往是负面（否定）的。

因为妈妈喋喋不休时，总是容易用类似"你犯了……错，你是有错的！所以妈妈有充分的理由责备你"的口吻来否定孩子，而不是采用对孩子说"你有哪些哪些优点，所以这样做会更好"的方式。

此外，这五大人格有一个特性，就是当它遭到否定时会朝着坏的方向发展。相反地，当它受到肯定时则会朝着好的方向发展。不少妈妈没有弄清这点，认为表扬孩子会让孩子得意忘形，只有把孩子管得紧紧的才是严加管教，可实际上这样只会起到反作用。

这五大人格如果得不到肯定，即得不到表扬和温暖的关怀，孩子就无法顺利成长。

被告知优点的孩子

也许有人会对此提出反对意见，认为光是赞扬夸奖会让孩子变得自以为是。

这种担心是完全没有必要的。因为这五大人格既相互关联又互相制衡。母性气质和父性气质相互威慑，不让对方肆意妄为。而在自由之心和纯朴之心之中牵制均衡原理也同样发挥作用。

首先，发现孩子的优点并告知本人非常重要。一旦孩子意识到了自己的优点，就能产生连锁反应，唤醒其他的优点。

相反地，斥责孩子会让孩子意识到自己的缺点，很多时候孩子还是不要意识到自己的缺点为好，因为缺点有一个特性，它会随着优点的增多而消失。

对于孩子而言，妈妈的喋喋不休，很少会有积极的作用，因为大部分斥责都是惩罚性的。总是遭到惩罚的孩子，幸福感会下降。然而，一些妈妈认为这种惩罚是正当教育，所以训斥起来毫不留情。如此一来，孩子就会因为过多的惩罚而陷入烦恼。更不幸的是，这可能会让孩子往五大人格中不好的一面发展。

受尽婆婆欺凌的媳妇可以回娘家，受恶上司折磨的职员可以辞职，可是，被妈妈不断指责的孩子却无处可去。正是因为孩子无处可逃，妈妈的压迫才更让他痛苦。如此一来就更不会有余力去拓宽自己的优点了。

要培养一个好孩子，绝对不能老是责备孩子。

"你是一个坚强的孩子。"

"你其实是个富有同情心的孩子。"

"你是一个性格开朗、朝气蓬勃的孩子。"

"你是一个天真纯朴、坦率正直的孩子。"

"你应该能在学校里表现得很好。"

无论多小的事，只要你发现了孩子的优点就要用高度评价的语言去夸奖孩子。具备了阳光、水分和养分，就算是小草也能够通过自己的力量茁壮生长。

不光是孩子，人都必须让自己活得有价值。如果自己值得赞赏、令人满意，就会朝气蓬勃。如果总是被批评，就会无精打采，变得缺乏自信、胆小怯懦、畏缩不前。

尊重孩子的想法

损害孩子五大人格发展的因素不只是喋喋不休。有时，妈妈的处理方式不当也会导致必须保持均衡的五大人格严重失衡。

有这么一个例子。一次，当妈妈要外出购买晚餐食材时，正在玩人偶娃娃的小美一边说着"妈妈，等我一下"，一边跟了上来。

妈妈在鱼柜台买鱼时，小美拿过来一盒巧克力对妈妈说："我想买这个。"一见到这种情形，妈妈立刻拉下脸，夺走了那盒巧克力。

"不行哦，这东西我们不买！"

"我要买嘛，要买，要买！"小美开始撒起娇来。

"真拿你没办法。"妈妈一边嘟囔着，一边拉着哭丧着脸的小美匆匆去了点心柜台。

"那就买这个吧！"妈妈把自己觉得适合小美吃的糕点袋塞到了小美的手里。

窥一斑而知全豹，小美自己的决定总是被泼冷水，得不到认同，争辩无效，只能遵从妈妈的意思。

这样的事情反复多次后，小美就会丧失自我思考的能力，变成一个毫无朝气的人。

人类所有的行动都是建立在自我意志的基础上的。没有自我意志的行动与木偶跳舞无异。这非但对本人没有任何意义，还会把人给毁了。

原本应该让孩子依照自己意志做出的选择和决定都让妈妈给代办了。代办行为会严重损害孩子五大人格的平衡。像小美这样缺乏朝气的孩子会逐渐丧失自己对社会的适应能力。小美的妈妈替小美做了原本应由她自己进行的、必须掌握的社会适应行为。小美的社会适应能力全权委托给了她的妈妈。

这种类型的妈妈很有可能会一直控制女儿的人生，否则她们就会无所适从，而女儿也难保不会陷入甘心受妈妈控制的恶性循环。

我经常会碰到感叹"最近的新员工，若不告诉他做什么，就不会主动找事做"的人事课长。产生这种情况的原因，可能就是这些员工都是在与妈妈的依赖关系和代办行为中成长起来的孩子。

五大人格不单只是显现好的一面或坏的一面那么简单，还与能力是否得到很好的培养有着莫大的关联。

经常和爸爸亲近的孩子会表现出较强的父性气质，而经常和妈妈亲近的孩子则会表现出浓厚的母性气质。这是因为孩子人格中的父性气质会因受到爸爸的肯定发展壮大，而妈妈会触动他们人格中的母性气质。

但是，这种关系一旦发展成为依赖关系，就会适得其反，可能会导致孩子人格不健全。因为代为发展自我人格的人始终在身边，所以孩子就会丧失自己去发展人格的意欲，丧失发挥自我人格魅力的热情。其最典型的表现就是社会适应能力的丧失。

发展五大人格的窍门不在于代办和手把手地指导，而是让孩子强烈感受到发展人格的必要性。只有把孩子放到被要求、必须发挥其能力的境况中，才能百分之百地发挥孩子这方面的能力。也就是说，当哥哥必须照顾弟弟时，哥哥的父性气质就会得到大大发展；而当姐姐要照看妹妹时,姐姐的母性柔情也会得到发展。平时唠叨不休的妈妈住了院,孩子反倒会变得干劲十足,这种例子非常多见。

"妈妈讲座"体验报告
▷ 妈妈温柔,孩子才能学会温柔

【我的态度把女儿逼上了绝路】

我有两个女儿,一个读小学四年级,一个读幼儿园大班。

我曾在"妈妈讲座"中学到过一条,"只有温柔地对待孩子,才能让孩子学会温柔,所以对待孩子一定要温柔。更何况孩子和受尽婆婆欺凌的媳妇、被上司百般挑剔的新员工不同,孩子没有其他可以去或者可以回的地方,所以对待孩子要更加温柔"。

我恍然大悟,也希望自己能变成温柔的妈妈,可我却总是忍不住苛责大女儿。

举个例子来说,当我指责大女儿时,小女儿会很同情她的姐姐，会袒护姐姐，说"姐姐太可怜了，不要再说她了"。而当我指责小女儿时，大女儿却会用更伤人的话去责备她的妹妹。我想这一定是大女儿讨厌我总是护着妹妹的缘故。其实我也会反省自己对大女儿的关爱不足，但总是无法和行动挂起钩来。

某个冬日，我目睹了让人不寒而栗的一幕。天哪，我的大女儿竟然在浴室用刀子割自己的手腕。我瞬间有种时间骤然凝固的感觉。

"你到底在做什么啊！"

我大吃一惊，一把夺下刀子，狠狠地说了她一顿。她用充满哀怨的眼神瞅了我一眼，随即伏在浴缸上大声哭起来。

你为什么想自杀？无论我怎么问她，她都拒不回答。所以，当天晚上，我让下班回来的丈夫替我详细询问了她的自杀动机。

大女儿一边哭一边这么说道："明明是妹妹的错，妈妈却总是冲我发火，怪我这个做姐姐的不对。上次也是，明明是妹妹在我的笔记本上乱涂乱画，妈妈却怪我没把笔记本收到书桌里……"

在一旁听着女儿倾诉的我泪流不止。

教育孩子的关键③

如何培养孩子集中注意力?

请给孩子一份安心感。不拿考试成绩作为判断"好坏"的标准谴责孩子。

4

不把孩子当大人，
孩子就成不了大人

可以说，只要妈妈注意到了下面这个方法并将它付诸实施，就能在孩子的教育方面获得大体上的成功。远比责骂孩子一百次更管用，保证能让妈妈感觉很爽的上上策，就是"把孩子当成大人对待"。孩子总是强烈渴望自己能被当成大人对待。不把孩子当大人，孩子就永远成不了真正的大人。

孩子渴望获得认同

"让别人承认自己的存在"是人类的基本需求之一。

这是人类本身就有的重要社会需求。为了让别人承认自己的存在,人会辛勤工作,不断努力,强烈渴望自己的事业成功。也许应该说,人所采取的很多行为就是为了向别人证明自己的存在。

无论是谁,只要自己的存在得到了别人的认同,就会非常满足。之后才会感觉心情舒畅,从容镇定地观察四周,才能冷静地思考自己是否还有什么没有做完的事。

反之,如果自己的存在完全得不到社会或他人的认同,就会陷入欲望无法满足的痛苦深渊。他会诅咒厄运,憎恨他人,还会对自己的境遇产生强烈的不满和不安。这种时候,人的勇气和理性是无法发挥作用的。

父母不把孩子当成大人对待时,孩子就会像一个自己的存在得不到别人认同、自我感觉很不幸的人一样,得不到内心的满足。他的心中抱有不安,心神无法安宁。于是特别想获得成人待遇的他,会时不时地做出一些异想天开的事,一个劲地做着自己有一天会登上"成人"舞台的梦想。

可是,这样的孩子却无法成为大人。因为只有别人尤其是父母当孩子是大人时,他才能够真正地成为大人。不管他再怎么努力,只要父母还是把他当成孩子,他就永远无法从"半大人"的烙印中逃离出来。

反之,当孩子被给予成人席位时,他就会采取无愧于该席位的、与被给予席位相匹配的行动。就像第一次收到父母买给自己成人自行车的孩子,会在较短的时间内开始驾驭那辆自行车一样,孩子会在瞬间将成人席位变成自己的东西。

没有被当作成人对待的孩子,就好比不买给他成人自行车的孩子,他会推着儿童自行车,暗自悲伤。父母一定会这样安慰孩子:"你还骑不了成人自行车。"可是,你都没有把成人自行车给他,又怎么知道他骑不了呢?

同样的道理,你都没有给予孩子成人席位,为什么又要求他成为出色的大人呢?妈妈们多半都不擅长把自己的孩子当作大人来对待。而且她们总是这么说:"你要更加振作些!"

　　这里存在一个巨大的矛盾。如果你不给孩子成人自行车,就不会出现能骑好成人自行车的孩子,这是想都不用想就能明白的道理。而且,是否买给孩子自行车,是否给予孩子成人席位不是孩子的事,而是父母的职责所在。

被当成大人的孩子

　　我认识一个被给予成人席位后转眼间振作起来的孩子。

　　秋子的一大心病,就是她的大儿子克己总是长不大,让人不放心。克己爱哭鼻子,不够稳重,比起其他同龄孩子来显得特别幼稚。

　　有一次,秋子在家附近被一辆摩托车撞倒扭伤了脚,需要卧床休养一周。受伤之前,秋子不仅包揽了所有家务和孩子的教育,还要往返文化中心。这么一个闲不住的人,却要让她整天一动不动地躺在床上,实在让她痛苦万分。但是，当时她的情况就连上厕所都要借用大儿子的肩膀。更不走运的是，那段时间正好碰上她丈夫年底结算天天加班。她不禁仰天长叹："这下家中可要乱作一团了。"

然而，令人意想不到的是，她的担心和悲观预测被完全颠覆了。那个一直让她觉得靠不住的大儿子不仅晚餐做了咖喱饭，还妥妥帖帖地把小妹妹哄上床睡觉，甚至还备下了晚归爸爸的啤酒和下酒菜。

是什么让他代替妈妈挑起家庭重担，成为一个可以依靠的少年呢？答案显而易见。正是妈妈受伤这个偶发事件意外给他提供了一个成人席位。他把自己当成了妈妈的替补，站在厨房里做晚饭，哄妹妹睡觉，一边等着爸爸回家，一边安静地做作业。

他对自己现在的状态非常满意。就像一个反复注视着好不容易让父母同意给他买成人自行车、一遍又一遍地用碎布把自行车擦得锃亮的眼中放光的少年，他为自己终于能够获得成人席位激动不已。

为了让周围的人承认自己的存在，证明自己是个非常重要的人，人会为之付出巨大的努力。如果人类没有了这种需求，人类社会就不会取得如此辉煌的进步和发展了吧。

这种"自己能帮上某人忙、自己是一个有用的人"的自我认识会让孩子陶醉其中。而且，妈妈们必须意识到，这种自我意识正是孩子被给予成人席位后获得的自信。

喋喋不休地斥责孩子和毫无章法地溺爱孩子，都是没有把孩子当成大人来对待的表现。用花言巧语哄骗孩子的手段、随便与孩子对话的态度也是因为父母只把孩子当成半个大人对待的缘故。

真正被给予成人席位的孩子会感受到作为一个成人的快乐和心之跃动，会更愿意用自己的双手去克服遇到的痛苦和困难。

"妈妈想送爸爸一条领带作为生日礼物，你想送什么呢？"

用这样和孩子商量的说话方式远比"如果你再乱花钱，我就不给你零花钱"这样不分青红皂白的斥责方式更能教会孩子如何合理地花钱。因为前者是让孩子从成人的角度思考如何花钱，而后者则是让他站在孩子的立场去思考金钱。对于被大声斥责着去学习的孩子而言，学习是一件被老师或家长强压着去干的难以应付的事。而对于拥有成人意识的孩子而言，学习却是自己必须全力以赴去做的、作为一个成人最关心的大事。

过去，武士在十三四岁时就能出色地完成初次上阵的任务，甚至在现在孩子初中生的年龄就能成为一名驰骋疆场的武士。古代男子在完成戴冠仪式后，妈妈就要刻意回避，甚至忌惮到连孩子睡觉的枕边都不过去。正是因为妈妈把儿子当成了一名武士，十几岁的少年才能成为战场上的勇猛战士。

请认真地把孩子当成一个大人吧。然后表达你的敬意，倾听他的烦恼，并且尝试着时常用对等的立场与孩子探讨人生。获得成人席位的孩子常常会在数周内迅速成长，开始发挥成人的作用，这主要就是因为别人已经把孩子当作了一个大人来认同。

教育孩子的关键④

如何化解与孩子之间的不和?

不是作为父母,而是作为一个人,然后把自己的孩子当作和自己同样的人来对待。父母和孩子一起给自己打上满分,让自己安心。

5

重视孩子的梦想，
培养孩子的干劲

　　孩子只有拥有了自己独特的社会视角，才会充满干劲。孩子理解了自己与社会的关系，形成了稳定的自我意识，就能激发内在的跃动感，即产生做事的积极性。

　　这里最重要的一点就是，干劲绝不是别人可以给的。

禁止和强制阻碍孩子成长

猫若是被蒙上了眼睛,就一步也无法前行。就算你想把它拽到鲣鱼干面前,它也会激烈反抗,无暇顾及。因为强烈的不安已经让它变得怯懦。

孩子也是一样。如果他没有明白自己与社会的关系、自己的价值及做事的意义,就会如同被蒙上眼睛的猫一样踟蹰不前。

如果不能用自己特有的视角去看社会,就无法设定自己的目标。设定目标就是在自己的行动中掺入自己的目的意识,也可以说是将自己的行为"社会化"的过程。

妈妈的喋喋不休中最多的就是禁止和强制。"不准怎么样""必须怎么样",其实这就是一种蒙上猫的眼睛不管三七二十一强拉硬扯的态度。孩子害怕被骂,所以不得不听从妈妈的指挥,但是那样做不会对孩子产生任何好处。因为在那种情况下,孩子的意志和行动是分离的。

本人下定决心要做某事,且为了实现那个目的绞尽脑汁,就是"干劲"。为此,必须设定目标。

大人经常会问孩子:"你长大了想当什么呀?"孩子们听后挺起胸膛这样回答:

"我想当一名公交车司机。"

"我想成为一名护士。"

听罢,大人们都会摸着他们的脑袋鼓励他们说:"哦,是吗?那可真不错。"因为不论孩子的梦想在成人看来多么荒诞可笑,多么天真幼稚,大人们都十分明白拥有梦想对孩子来说有多重要。拥有梦想就是一种拥有自立精神和自己独特社会视野的表现。

"妈妈讲座"体验报告
▷ **任性是做事积极性和自立的萌芽**

【就算身负巨大的不利条件】

今天,小学二年级的正介又精神饱满地去上学了。望着正介渐渐远去的背影,我不禁涌起一股感激之情,"我的正介真的成了一个朝气蓬勃的孩子"。

我想这既是我拼命努力的结果，也得益于丈夫的帮助。

正介三岁的时候接受过一次心脏手术。手术从早上八点开始，一直持续到晚上的九点十分左右。丈夫特意请了假，一直陪伴在我的身边。

那天真让人感觉度日如年，我从未想过一天可以如此漫长。我一边祈祷着"只要他活着就好"，一边殷切期盼着手术能够早点结束，哪怕早一分一秒也好。

幼小的身体被切开，会是怎样一幅光景呢？只要不留下残疾就好，担心和不安交织在了一起。等到全麻的药力一过，他该有多疼多痛苦啊……"正介，让妈妈代替你去接受手术吧"这句话我不知道念叨了多少遍。如果可以，我真的想替他上手术台。

手术终于结束了。

"不用担心了，手术很成功。"一听到主治医生的这句话，我就把头埋进丈夫宽大的胸膛哭了起来。我丈夫的眼睛也是红红的。

被送回病房的正介还处于麻醉状态，尚未苏醒。

"小正，好样的！"我用手抚摸着正介幼小的脑袋。

我轻轻地将正介最喜欢的史努比毛绒玩具横放在床头,这时护士长一边说着"你们可以放心回去了。我们会好好照顾他"的话,一边几近强制地把我们赶出了病房。

我们只得依依不舍地回家,那天晚上我彻夜未眠。

第二天,一进病房,就看到我的正介高高地伸起双手,"哇"的一声哭了出来。昨天他一定很寂寞很害怕吧。

家属的探病时间是在下午的三点到五点,医院要求家属必须严格遵守时间。到了五点,和正介分开变得非常困难。正介哭,我的眼泪也跟着扑簌簌地往下掉。我掩面而泣,一路小跑着离开了病房。

这样的日子一直持续了两个半月,正介终于可以出院了。

就算不像样也没有关系,只要他健健康康的我就心满意足了。那段时间,我一直像照顾婴儿时的他一样帮助他。

后来正介上了幼儿园,我也是终日陪伴在正介左右。但是当我看着幼儿园的其他孩子时,原本放松的心态发生了奇怪的变化。我的嘴巴变得越来越活跃，等我意识到这点时，正介已经阴下了脸翻着眼珠子开始瞪我了。因为我已经变成了一个要求正介做这做那的超级啰唆妈妈了。

再这么下去局面将无法挽回。我这么想着，找到大学时候的好友咨询。她建议我说："你去参加'妈妈讲座'试试吧，那个讲座棒极了。"

"请给予你的孩子百分之百的肯定。等你和孩子之间建立起了信赖关系再来管教孩子也不迟。任性是做事积极性和独立的萌芽。"这是我从"妈妈讲座"中学到的。

哦，原来如此，只要我变回正介出院时的初心便好，我这样想着。总之我要控制自己的情绪，按照正介的想法最大限度地满足他。

正介的眼中开始慢慢恢复了往日的光彩。他自己开始做的事情，我都给予他最大的表扬。虽然我很想说一些不中听的话，但我却忍着无视它们的存在。

幼儿园的毕业典礼结束后，从四月八日开始，正介成了一名小学生。

我最担心的就是他一个人怎么上厕所。

入学仪式我是陪着正介一起去的。第二天,正介就一个人去上学了。放学回来时正介对我说:"妈妈,我好厉害吧。我想解大便就去了趟厕所。全是我自己一个人搞定的。"

我不假思索地紧紧抱住了正介,"太好了!"我蹭蹭他的脸。

"妈妈,你怎么哭了?"

"妈妈太高兴了,所以哭了。因为我的小正变厉害了呢……"

就算读小学二年级的正介面临巨大的不利条件,也不会再有人察觉出来了,反而让他变得更加堂堂正正了。而且,正介的考试成绩也都在九十分以上,只有体育勉强及格。

怀揣梦想的意义

经常有人说,现在的孩子没有梦想。让我们来稍微探究一下其中的原因吧!因为孩子的做事积极性与梦想之间存在直接的联系。

现在有些妈妈不为孩子的将来操碎心就不肯罢休,喜欢过度干涉。她们给孩子的将来规划好了"安全路线",下定决心要让孩子朝着自己规划好的路线走下去。

被逼着前行的孩子必须逼迫自己朝着父母给他设定的目标前进,而不是自己设定的目标。于是孩子不得不舍弃自己的"梦想"。

"你将来想做什么?"

"我想成为一名赛车运动员。"

"赛车手?那是不好好学习的人闹着玩的事。真不像话。"

然后过了几天再问:

"你上次说将来想当什么来着?"

"我想当水手。"

"咦,你之前不是说过自己想当赛车手的吗?也不知道坚持信念。就算当个船员,如果不好好学习,也当不了国际航线的船长。"

紧接着又是那句老掉牙的口头禅:

"总之不管你做什么都得先把学习搞好。无论你以后要当什么，如果不是出自名牌大学，就无法独当一面。"最后抛下这么一句充满讽刺的话，给孩子幼小的心灵致命一击。

梦想自己的未来，是用自己的双手探索社会关系的自立精神的表现。不论孩子的梦想多么幼稚，怀揣梦想本身就有其内在的意义，当那个梦想最终成长为"目标"时，孩子应该就拥有了朝着目标毫不犹豫奋勇前进的顽强精神，也就是做事的积极性了。

但是，如果妈妈否定他的梦想，孩子很有可能连"做事的积极性"也一并放弃了。

否定梦想，有害无益

我的朋友中有个从小就很会做梦的男生。他做的那些梦都很不切实际。如果当时有大人在一旁听了去，一定会忍不住笑出声来。不过，当时他与我们谈论自己梦想的时候却是一本正经的。

军舰舰长、探险队队长,从他口中说出来的梦想都是那么振奋人心。前些日子,我拜访了他设在新宿的事务所,终于与几十年未见的他碰了面,我询问了他的近况。现在的他志得意满,成了一家商社的社长,不仅在大阪设了总公司,还在东京、札幌和福冈设有分公司。

造就他斗志满满人生的就是那些"梦想"。

对他而言,他的幸福就是谁都不曾打碎过他的梦想。他受过很多次挫折,每次受挫之后也一定多次为梦想的破灭悲叹不已吧。可是,他就是没有放弃梦想本身。

可以想象的是,他的梦想最终成为了一种目的意识,而正是这种目的意识造就了他的坚韧不拔。

父母的过度干涉有时是从打碎孩子的"梦想"开始的。

"别说蠢话了!"

"你只要好好学习能进好学校就行!"

"社会没你想的那么简单!"

对于孩子的梦想,一些大人就是这样反应冷淡。所以有些孩子不得不放弃自己的梦想。然后甚至不得已把自己的梦想，连同干劲和自己的社会形象一同舍弃。

这不仅把将来应该培养成参天大树（目的意识）的小树苗（梦想）给放弃了，甚至还把洞察世事、培养自立精神的机会也错失了。孩子的身上没有了熊熊燃烧的梦想之火就没有了干劲，就像马戏团里的狮子不会有草原追逐猎物的狮子那样的热情去拼命钻火圈一样。

无论孩子怀揣着什么梦想，都不要贬低或瞧不起它。而且不论孕育梦想的是漫画还是朋友，都绝对不要不分青红皂白地一概否定。

对于孩子而言，梦想便是自立精神的蹒跚学步。不得不说，把蹒跚学步的幼儿撞倒的妈妈对孩子而言是有害无益的。因为就像身体需要运动一样，心灵也需要"梦想"这个运动场。

第二章

怎样做才能停止喋喋不休?

1

喋喋不休的根源

"妈妈讲座"先要把妈妈的精神状态调整到最佳状态,再来尝试赶走喋喋不休。因为我觉得,如果没有了妈妈的"喋喋不休",孩子的安心感就能回归,孩子就应该能够更好地发挥自己的能力。

因此,妈妈首先要做的就是改变自己。妈妈改变了,孩子也会高高兴兴地随之改变,这是我亲眼目睹的事实。而且,我也已经慢慢发现了促使妈妈发生改变的契机。接下来,我会在本章中列出一些注意事项,以帮助妈妈消除造成内心不安的负面因素。

首先,妈妈必须接受新思想,心情愉快地过好每一天,然后以一种毫无烦心事的状态对待孩子。如此一来,喋喋不休病就应该会烟消云散。因为改掉喋喋不休病的先决条件在于消除自己的焦躁不安。妈妈们对于自己的焦躁不安大都不会发泄在自己身上,而最容易发泄在与自己最为亲近的、几乎可以称为自己"分身"的孩子身上。

喋喋不休病并不是由于没耐性或攻击性的性格造成的,而一般是妈妈把"没有满足自己欲望"的不快发泄到被认定是妈妈"分身"的孩子身上的一种特殊心理反应。妈妈对于自己的不满和对于孩子的不满发生了共鸣,共鸣后的不满几乎失去了分寸,猛烈粗暴地吹向了孩子,如同发泄在妈妈自己身上一样。

最好的证明就是对着孩子喋喋不休责骂的妈妈能够非常温柔耐心地对待别人,比如住在附近的其他妈妈或者班主任老师。

我们就从这里开始说起吧。

我曾经问过孩子们这样的问题。

"你是喜欢自己还是讨厌自己?"

如果孩子回答喜欢自己,我会接着问:

"那么你喜欢你的妈妈吗?"

通常这类孩子会回答"非常喜欢"。

而当回答不喜欢自己的孩子被问及是否喜欢自己妈妈时,一般他们会回答不太喜欢。妈妈之所以会把没有满足欲望的不满发泄到孩子身上,是因为妈妈把自己和孩子用"不满"这个共通项捆绑在了一起。这样做就导致孩子也用负面的因素来看待自己和妈妈,造成孩子产生"不太喜欢自己,也不太喜欢妈妈"这样一种共通感。

说得再直白一点,如果孩子的妈妈(对自己怀有各种不满)无法喜欢上自己,那么孩子可能也会像妈妈一样不那么喜欢自己。而维系两者间的纽带就是喋喋不休造成的紧张情感冲突。

反之,喜欢自己的妈妈,不会因为自己的欲望无法满足而心生不满,不会将自己的怒火随便发泄到孩子身上,所以她就没有必要死揪着孩子的缺点喋喋不休。孩子也不会为自己的缺点过于烦恼以致丧失自信,他会渐渐地喜欢上自己。

喋喋不休病的真面目清晰起来了。其一是喋喋不休的能量源于发泄到自己身上、而非别人身上的怒火,即没有发泄口的怒火。另一个便是,自己的孩子即自己的"分身"成了这种怒火的唯一发泄口。

这下大家应该理解为什么大人再怎么唠叨,孩子也不会有丝毫好转的真正原因了吧?因为喋喋不休是一个完全与理性教育无关的情感问题。

承认真实的自己

喋喋不休的妈妈几乎无一例外都是"好人",而且以待人和善的外交型人才居多。不过这样的"好人"一般都很胆小。她们会在意别人的想法和脸色,顾虑自己这么说是否会破坏气氛,所以自己的一半想法都不会吐露,更不要说对着别人发牢骚了,也完全没有牺牲他人来谋取自己利益的想法。但是,当她们处于完全相反的位置上时却很能忍。她们会对别人过分的自我主张做出让步,做最倒霉的差事,因别人的不够体贴而受伤。她们心生怨恨却默默忍耐,只会担心那些看不到、听不见的事情以致精疲力竭。

她们表面看起来温柔体贴、矜持寡言，但心中却堆积了无数不满，静静等待着爆发的瞬间。

她们心中想着："为什么自己这么胆小怕事？为什么不能清清楚楚地说出来？难道是因为自己的自卑感太强？"为此而闷闷不乐。然后责怪自己说"自己终究是个毫无魅力的没用女人"，让怒火郁结于心。可是无法向别人发泄的怒火，最后还是毫不客气地、强烈地发泄在了自己的"分身"孩子身上。

因为这种"好人"比较柔弱，所以她们容易把郁结于心的怒火化成一股喋喋不休，发泄到孩子身上。因此，只要妈妈转变成为一个敢说敢做的好人，事态自然就会向着好的方向发展。为了达到这样的效果，妈妈在对待别人时要忠于自己的真实感受，而不要在乎别人是否会说你任性还是自私。隐藏自己的真实感受，把"NO"说成"YES"的掩饰手法到头来是一种希望别人把自己想得过好的贪婪想法。妈妈们必须把真实的自我，既不夸大也不缩小地真诚而全面地展现出来。

把真实的自我真诚地表现出来，就是要让别人承认自己的个性。

或许，当你把诸如"哎呀，那不公平""恕我失礼，那样会不会有些任性""你的发言欠冷静"的想法堂堂正正说出来时，会遭到别人的反对，但尊重你这种突然变得严肃的态度、理解你这种做法的人一定会出现。人的个性是指包含优点和缺点在内的所有人格。只有当你把它们全都积极地运用起来时才能建立真正的对等人际关系。如果你因此失去了几个朋友，那只能说明他们并不是真正与你亲密无间的朋友。因自己的真心流露而获得朋友远比失去几个虚伪朋友有价值得多。

我已经在前面章节中阐述过，为了获得孩子的真实模样，就必须全盘接纳包括缺点在内的真实的孩子本身，而不是去攻击孩子的缺点。同样，妈妈也要全盘接纳真实的自己，不责怪自己，不期望别人给予自己过高的评价。

爱上自己是一切的先决条件。为此自己必须先承认真实的自我，对自己充满自信。然后果断地给这样的自己打上一百分的满分，无论自己有优点也好，有缺点也罢。

这样一来，妈妈对自己的不满就应该会减少一半。向自己发泄的怒火少了，对孩子的喋喋不休也会相应减少。

"妈妈改变了，孩子也会改变"——这并非奇迹，而是相当自然、水到渠成的事。妈妈只要改变思路，不再过分地责怪自己，喋喋不休地责怪孩子的能量也会自然消亡。

不要为看不见或听不见的事情烦恼不已，耿耿于怀。绝对不要责怪自己。做一个敢说敢做的好人。请大家铭记以上各条。

"妈妈讲座"体验报告

▷爸爸妈妈都不是天使

【因为妈妈的一个态度】

我有一个独子，名叫信广，现在读小学五年级。

儿子嬉戏打闹时，不小心打碎了我丈夫从意大利带回来的一个非常贵重的漂亮花瓶。

丈夫现在正在纽约出差，一个月后回国。视这个花瓶为宝贝的丈夫一定会因此迁怒于我,数落我的不是。

我气急败坏,忍不住狠狠地打了儿子三下屁股。

"坐到这里来!"为了惩罚他,我让信广端端正正地坐好。

"你知道妈妈为什么要打你屁股,为什么让你这样端端正正地坐好吗?"

"因为我做错事了。"说着,他很不高兴地扭过头去。

"知道就好。只要是人就会有优点和缺点。所以小信你有缺点也在所难免……"在温和地与小信说话的过程中,我的心情也逐渐得到了平复。

"爸爸和妈妈也是人,不是天使,所以都有缺点。妈妈上次还不小心打碎了一个准备给客人用的珍贵饭碗呢。"

"妈妈非常喜欢小信。这点你应该非常清楚!不管是小信的优点还是缺点,我都一样喜欢……"

"小信很机灵,所以你是否觉得增加自己的优点,减少自己的缺点会比较好呢?"

"嗯,我知道了。我会给爸爸写信道歉。"

原本把头扭到一边的信广微微一笑,向我这样诚恳地说道。

妈妈的"缺点过敏症"

接下来,我们来进一步聊聊关于妈妈心理控制方面的内容,即妈妈为什么要责怪自己这个话题。其实,妈妈们都是非常谦虚的。

"我根本就无法……""哪儿的话,像我这样的人……"过于谦虚畏缩不前,超过一定的度后会升级成为"我不行"的自卑感,然后用严苛的目光严密监视自己,以致变得神经兮兮,这种情况也不在少数。

这种类型的妈妈经常会在自责心理的驱使下,产生诸如当初自己如果这样做就好了的后悔心理。但是人真的有必要那么严格地审视自己吗?我们并非圣人,既有缺点,本性中也有邪恶的一面。

有些人一直在与自己心中的邪恶面做斗争。他们读宗教书,记录伟人语录,闭目沉思,每天在脑中回想一次座右铭,整天为了打消心中的邪念紧张不已。这样做的结果就是让自己陷入与自己的缺点、短处对峙交锋的困境。然后神经兮兮地把自己的这些缺点放大,让自己深信自己一无是处。

对自己的缺点神经质的妈妈,自然也会十分关注别人的缺点。更何况是自己的"分身"孩子的缺点,那更是犹如拿着放大镜观察般清晰可见了。然后她会像烦心自己的缺点一样,为自己孩子的缺点烦恼痛苦。

对于孩子而言,这种妈妈就是一位"缺点猎人",她始终怀揣着一把擦得锃亮的钢枪,无论多么细微的缺点也逃不过她的法眼。发现缺点的瞬间,她会第一时间用手指扣动扳机,"砰"的一声射出子弹。

每次射击都百发百中。这下被射中的孩子受不了了。他满脑子只想着如何察言观色,如何摆脱困境。所以在妈妈的面前他做不到专心致志,而无法专心致志就会导致粗心大意。孩子一粗心又会被妈妈的子弹射中,所以孩子一直紧张不安。

这种紧张感,会在瞬间摧毁孩子的安心感(即我们通常所说的专心致志,它是创造力、记忆力和理解力的基础）。于是，他逐渐变成了一个没有安心感、不能集中注意力的孩子。

虽然完全没有必要把自己的缺点拿出来显摆，但要不要对缺点一概否定还是值得商榷的。对于别人而言，你的行为可能不太像话，但对你自己而言缺点可能却是一个很有用的要素，是你的本能之一。

不去否定自己的缺点，放下它才是最好的选择。如果你拼命设法改变自己的性格，反而可能被缺点笼络。

"双重人格"（编者注：这里的"双重人格"不是指严重的心理障碍，而是指人的自私本心与对他人所用的社交之心，下同）这个词总给人一种不太正面的感觉。两面派、表里不一，都给人心术不正的印象。但我敢说，除了"双重人格"之外，恐怕再没有比这更真实的人生哲学了吧。想要遵从自己的意愿活着，还要拥有完美的人际关系，最便利的做法就是拥有"双重人格"。若非如此，要么选择伪装自己，要么选择过分在意自己的缺点（自私自利）而变得神经过敏，反正不管是哪种情况，你都无法真正从内心的矛盾中解脱出来。

但是，要在弱肉强食的人类社会以一个胜者的姿态存活下来，是需要智慧的，即"把不许任何人触碰、无可动摇的自私本心与对他人所用的善良的、合乎常识的社交之心分开来使用。别人走别人的人生道路，他们的人生与自己毫不相干"。如果明白了这点，那还有什么必要苛责自己呢？因为人可以把任性、贪婪、自私利己的真心当作人类本来的性情保留下来，同时还能把成人之心（即体谅他人的处境、公平、充满理智）当作人类的第二颗心来重用。

然而，渴望单重人格的未成年人却在拼命消除原本就有的自私本性，或者还在为了把本性改成具有社会性的心做无谓的努力。但其实拥有"双重人格"就绰绰有余了，更何况它还可以说是一种成人健全的卓越判断力呢。

至此，苛责自己的依据又少了一个。因为无论自己有多么不好的一面，都不会成为自我批判的对象，心情自然就很放松了。

有一些理论教导人不能有自私自利之心，要求人摒弃它。但是，自我否定就能使人获得救赎吗？与其否定自我，不如不去触及自己的内心，尊重他人，努力打磨与人为善的第二颗心来得更高明。

人都是用语言或态度评价他人的。因此,即便有时你会得到"真不知道那个人内心是怎么想的"之类的批评,也不用放在心上,哪怕已经有人当面这么批评你了。如果你受到了那样的批评,只要这样想即可:通过社会性的训练和各种体验,我已经很好地构建完成了极具社会性的第二颗心。

只要不胡乱地责备自己,不对自己的缺点神经过敏,大脑就会逐渐放空。希望别人超出必要程度地觉得你好的欲望也会消失,心会变得轻松,人的活力也就回来了。

心灵的自由让喋喋不休消失

如果你不再介意自己的缺点,善于运用弥补不足的第二颗心,就能停止对孩子的喋喋不休。没有了试图攻击并肃清缺点的野心,也就没有必要对缺点神经过敏,更没必要揪出缺点日夜哀叹了。

一些妈妈对构筑第二颗心燃起了热情,所以,她不会对孩子说"这样不行",而能以一种积极的姿态引导孩子说:"我觉得这种时候这样做比较好,你的想法呢?"她不是感情用事地指出缺点并为此怒不可遏,而是充满智慧地引导孩子去克服缺点,所以孩子也很安心。

如果你不是说"你还在磨蹭什么!要迟到了",而是说"你可以早起10分钟。你的动作很快,所以还能优哉游哉地吃早饭呢",孩子就不会觉得自己是因为磨蹭受到了斥责,因为妈妈已经给了他肯定,所以当他无法早起10分钟时,不加快动作就会令他很没面子。与其用"磨蹭"片面地给孩子下定论,指责来指责去,暴露亲子间不愉快的情感关系,不如用这样的做法更具有教育意义,这是明眼人一看即懂的道理。

不说"谁叫你平时不好好学的,所以才考了这么点分",而是鼓励孩子说"你原本就很聪明,如果能好好学,一定可以考出更好的成绩"。不要咄咄逼人地数落孩子说"为什么不能把房间弄干净?邋里邋遢的",而要用"房间干净了会让人感觉很舒服"的说话方式去想方设法地引起孩子注意。

"双重人格",是为了忠于自己生活所必备的经整理后的成人人格。如果过度隐藏自己的真心，或者糊弄搪塞，都会使自己的心情混乱，疲惫不堪。总之，你只要扮演好自己的角色就行。

当一个妈妈具备了成人的人格，即成了一名充满智慧的"双重人格"拥有者时，孩子就能获得最终的解放。然后，孩子才能从妈妈身上安心地习得如何来构建学习和规律的第二颗心。

构筑完美的"双重人格"。不拘泥于自己与孩子的缺点，提醒孩子时，不触及孩子的人格，柔声细语地向孩子说明。这样，孩子就会在父母面前毫无保留地展现自己的内在和外在，顺利地成长。世界上并不存在单重人格的人这个事情，我想我不必再次重申了吧。

"妈妈讲座"体验报告

▷ 与其责备孩子，不如理解孩子

【用温柔回报我的儿子】

从参加"妈妈讲座"开始已经过去二十天了。

一会儿是个温柔的妈妈，一会儿又是个可怕的妈妈，连我也为自己变来变去的"振幅"之大搞得不知所措。不过光是能意识到自己振幅大这点，就已经是个不小的进步了吧。但是当我发现自己是个可怕的妈妈时，就更容易陷入自我厌恶的怪圈了……

这是昨天晚上练习小提琴时发生的事情。五岁的阳一脸上清清楚楚地写着他不想练小提琴，他说了一句"眼睛痛"便坐下不动了。

我特意抽出时间教他，他竟然这样对我！恼怒的我悻悻扔下一句"今天不练了"便出了房间。

"哎，我又发脾气了"，虽然事后我很后悔，但为时已晚。我去盥洗室洗了把脸，却还是无法平复心情。我靠近正抱着小提琴睡觉的阳一道歉道："妈妈我还是没法变成一个温柔的妈妈。真对不起。"

话音刚落，阳一突然睁开眼睛对我说："妈妈没事哦，我会原谅你的。妈妈还没有习惯呢。"

"谢谢"，我一边向阳一表示感谢，一边又把这几天积压在心中的事情一桩桩、一件件地说了出来，就像使坏的小虫子爬出来一样令人讨厌："妈妈希望小阳做什么都能尽自己的努力。像骑自行车摔倒了怕疼不去练习，收到朋友来信嫌麻烦不写回信……"

霎时，阳一的眼中泛起了泪花，他抽抽搭搭地解释说："我是因为觉得自己字写得太差才不写回信的。"

我听后惊讶万分。阳一还只有五岁。原来让他读小学之前就深信自己字写得不好、剥夺他写信快乐的人竟然是我。回想起之前，我强迫阳一反复练习写字时的情景。当时我觉得是时候让阳一练字了，可每次拿出练字本时，我都会说他："这个字要这样写，不然字形会变得很怪。为什么你写了这么多遍还记不住呢？"

"妈妈之前做错了"，我一边这么想一边轻轻抚摸阳一的后背。

"小阳，原来你是这样想的啊。妈妈一直都觉得小阳的字写得很好。妈妈五岁的时候连字都不会写呢。"我温柔地说道。

"那我写写看吧。"阳一说道。

"我们把小阳觉得写得不够好的字再练习练习吧。"说着便和他一起把"ね"字写了几遍。"瞧！不是写得很好嘛！"说着，我在"ね"字上画了大大的五个圈。

阳一笑了，我也笑了。天已经很晚了，但我还是主动邀请阳一说："小阳，我们把冰激凌吃了吧。"

　　之后竟然发生了一件更令我开心的事。

　　"该睡觉了哦。""妈妈，刷牙。"话音刚落，他已经自己去了盥洗室。料想当时阳一肯定在镜子中瞧见了自己的脸吧，所以他才会对我说："妈妈，因为你的缘故，我今天的脸才特别好看。"

　　我不由得紧紧抱住了阳一，泪水夺眶而出。

　　"小阳，妈妈真的好爱你。你是个温柔的好孩子。谢谢你！"这些话在我口中反反复复地念叨着。

　　我从来没有这么高兴过，也从来没有如此强烈地感觉到阳一的成长。

　　我不责备他，而选择用体恤他的心情来理解他。我表扬他，向他展露我的微笑。自那以后，我更加温柔地对待阳一，而感受到妈妈温柔的阳一，也用他的温柔回报了我。

没有行动的爱不是真正的爱

无论是生活在水槽里的金鱼还是人类，让自己活下去都是基本不变的准则。但是，金鱼和人是截然不同的两种生物。它们的区别在于人能够出色地完成金鱼做不了的事，也就是说人被赋予了金鱼所没有的"表现才能"。

除了人类以外，其他生物都将维持个体的旺盛本能展露无遗，它们时而和谐共处，时而相互残杀。

和其他动物一样，人类也要在残酷的生存竞争中求得生存，这点从本质上来说都是一致的。所以，如果人类把心中所想毫无保留地和盘托出，就会导致人际关系的顷刻崩溃，猜忌迭起，人类也会很快坠入不幸的深渊。而人类社会之所以没有崩溃，就是因为人类社会在相互发生作用时，评判的标准不是人们的心中所想，而是人们采取了什么行动。

西部牛仔片中经常会有这样的镜头：一名枪手把他的仇敌逼到了悬崖边，正想给他最后的一击。然而，他的仇敌却在此时脚下一滑差点跌入谷底。仇敌紧紧地趴在悬崖边上恳求枪手救他。枪手心中唾骂其活该欲弃之不顾,却怎么也无法释怀。于是他最终伸出了援助之手救了仇敌一命。

那么此时的枪手对仇敌表现出来的究竟是一种什么感情呢?那正是货真价实的"爱"。

原本他应该是发自内心地憎恨仇敌的。恐怕当他救了仇敌之后,那种仇恨也不会消失吧。可是仔细想来,仇敌并没有因为他的仇恨受到一丝一毫的伤害。非但没有受到伤害,反而还得到了实实在在的好处。因此,这其中包含的不是仇恨而是一种爱。

爱既是一种行动,也是一种结果。不管你的内心怎么想,只要这种行动从结果上来看是一种爱的行为,那它就是一种崇高的爱。给饥饿的人送上一片面包是一种爱,但只要没有送上这片面包,无论你的同情心有多么强烈,爱都是无法传递给对方的。

人类社会有一种默契,就是无论心中怎么想,都会对行动做出相应评价,所以人类才不至于陷入不幸的深渊。我们必须认识到,爱是靠具体的行动来表达的,而非心中所想。这么说来,我们是不是有必要向人类被赋予的表现能力深表感谢呢?!

　　人与人之间是通过行动产生相互关系的，而不是心理活动。因为人的内心是一块不可侵犯的禁地，谁都不能擅自闯入。两个人的关系只能由他们之间采取的行动决定，并以此为中心，逐步促进人际关系的深化。

"妈妈讲座"体验报告
▷温柔是通过态度传递的

【略有改观的我】

　　一个星期天的早上，我正在洗衣服，读小学四年级的大儿子隆男跑来跟我说，他想要点厚纸做卡车。

　　恰巧那时，玄关的门铃响了，我急着过去开门，隆男也一直紧紧地缠着我不放。

　　他完全不理会有客人在场，一个接一个地提出了他的要求："我要剪刀、胶棒，还有记号笔。"

　　就算我说了让他稍等，他还是一边拍着我，一边死死纠缠着我说："不行，我现在就要。"

我实在烦不过他,只能让客人等我一下,先把隆男想要的东西找齐了给他,但我却怒火中烧,胸口的怒气一阵阵翻涌上来。我觉得那样对客人很不礼貌,试图挤出点笑容,但脸却绷得紧紧的。

客人终于回去了。

"为什么这么点时间,你都等不了呢!"我随即来到了二楼隆男的房间,想要发泄心中的怨气。可不知为什么,当时口中说出来的话却与心中所想完全不同。

"小隆,真对不起,刚才有客人来了,所以我不能马上帮你拿。"

"妈妈,我想做这种卡车哦。"隆男给我看了卡车的照片,脸上满是得意之色。

"我真的变了呢。我感觉自己已经有点掌握'妈妈讲座'的精髓了……"

一阵欢喜涌上了我的心头。

做个温柔的妈妈

那么,那些唠唠叨叨、净是斥责孩子的妈妈是爱孩子的吗?孩子有感觉到自己被爱吗?

答案是否定的。每一位妈妈都十分疼爱自己的孩子。而孩子最渴望的就是妈妈爱自己。但是如果那份爱只是限于心中所想,不用具体的行动表现出来,那是绝对无法传递给对方的。

假设有一位继母,她一点儿也不觉得自己的继子可爱。但是这个继母从不斥责孩子,总是柔声细语地对孩子说"你是我的宝贝"。她总是表扬孩子,经常照顾孩子,每次都笑眯眯地听孩子说话。那她是否就不爱这个孩子呢?至少在孩子看来,他应该觉得自己的继母很爱他。在孩子眼中,比起那些视自己的孩子为掌上明珠、却总是喋喋不休的亲妈,反倒还是这个毫无感情地抚养孩子、采取示爱行动的继母更值得信赖。原因就在于孩子能从继母身上感受到爱。

因为对他人而言,爱不在内心世界栖息,而在行动领域居住。

"妈妈讲座"体验报告
▷被喋喋不休搞得疲惫不堪的孩子们

【温柔是关键】

这是好几年前的事情了。现在已读初二的儿子正树曾在他小学三四年级的时候突然死命地问一个问题,"妈妈,你爱我吗?"

"为什么问这个问题?你应该知道的呀。"我自认为当时回答他时比较温柔,可最近当我问及正树当时的情形时,他却说我看起来冷淡极了。

我也想到了一些情况。当时的我,不,应该说是参加"妈妈讲座"之前的我,在教育孩子方面是焦躁不安的。

从正树上幼儿园开始,丈夫因为工作每天都回来很晚,周末不是去打高尔夫球应酬就是在家闲着无所事事,把教育孩子的事情全都一股脑儿地丢给了我。就算我有什么事想和他商量,他也只会用"工作累了"之类的借口逃避推脱。他没有强烈的想要引导正树的正向意识,无论正树什么地方做得不好都不加以管教。

我根本不指望这样的丈夫能在教育孩子上做出什么成绩来，所以很早就断了依靠他的念头。如果我再不好好管教儿子，恐怕正树将无法健康成长。所以当时我除了承担起又当爸又当妈的双重责任之外，别无选择。

可自那以后，正树却越来越内向，越来越战战兢兢，所以我才下决心去参加"妈妈讲座"。

在"妈妈讲座"上，山崎老师说了这样一番话。

"除个别情况外，没有长进、缺乏朝气、存在各种问题的孩子，其妈妈的性格都比较强势，好喋喋不休。她们不尊重丈夫，甚至瞧不起丈夫，还口无遮拦地说丈夫坏话。另一方面，他们家中的男人，作为丈夫也作为父亲，虽然温柔体贴却不具威严，让人感觉很靠不住，在家中的形象变得越来越不重要。"

"在一些爸爸的存在感很弱的家庭中，比如上面这个例子，或爸爸独自离家在外工作和生活，或父母离异，妈妈都需要身兼爸爸和妈妈双重责任。孩子看着既当妈又当爸的妈妈，会搞不清楚妈妈真正的职能，然后丧失信赖感，觉得家庭很无趣，甚至走上歪路。"

我听后背后直冒冷汗。

"妈妈也会因为又当爸又当妈而身心疲惫，更加喋喋不休。虽然妈妈的心中充满了爱，但她已被担心、不安和焦急团团围住，无法变得温柔体贴了。那样孩子会变得更加放荡散漫……这真是恶性循环啊。"

我意识到了自己的盛气凌人。从我决定身兼双职的那天起，对正树高于之前数倍的唠叨的状态就已经开始了。

我回到家中，立刻向已经是初中生的正树这样说道：

"过去我只要看到你就唠叨个没完，真是不好意思。以后我再也不唠叨你了，你自己把自己该做的事情做好吧。"

"还是这样好，妈妈。这样我会很轻松，因为我自己的事自己知道。"

真的像山崎老师说的那样啊，温柔才是关键。正当我安下心来后没过多久，又出现了另一件让人揪心的事。从第二天开始，正树从学校回来匆匆做完作业后就开始呼呼大睡了。这种情况一连持续了四天，我很担心，就打电话给山崎老师反映情况。听完我的叙述后山崎老师回答说:"正树终于把十几年来积蓄的疲惫都释放出来了啊。"

我听后泪水扑簌簌地往下掉。

教育孩子的关键⑤
如何成为一个好妈妈?

就算遇到了问题,也绝不能感情用事。首先请理性地接纳真实的孩子,不论是缺点还是优点,然后给出两到三天的冷静时间。

2

怎么做才能让孩子的能力有所飞跃

宽恕能使孩子改过自新

语言中有很多妙言隽语,"既往不咎"便是其中之一。还有比宽恕更让人心情大好的事情吗?

冉·阿让偷主教的银餐具时,主教是这样对抓住冉·阿让的警察说的:

"这套银餐具是我送给他的,而且我还把银烛台一并送给了他,可是他却忘记带走了。"

主教对为了家人不饿死、只偷了一片面包就被判处十五年监禁的冉·阿让寄予了同情,他不仅宽恕了冉·阿让偷窃银餐具的罪行，还主动把自己的银烛台送给他。这一瞬间，冉·阿让从那颗自暴自弃的心中挣脱出来，变成了一个心存温柔的男子汉，相信凡是小时候看过《悲惨世界》的读者都应该知道这段故事吧。

如果当时主教这样辱骂冉·阿让："好你个小偷，你就是这样回报我对你的恩情的吗？"那么这部举世名作的思想价值怕也要下降几个档次了吧。正是因为主教对冉·阿让的既往不咎，才让他有了重新做人的勇气。

有些妈妈并不太重视"宽恕"的重要性。虽然人只有得到了宽恕才能改过自新，但她们一点也没有要宽恕自家孩子的意思。"教育就是惩罚"，这种误导使她们陷入了长期的不幸。在她们心中，教育孩子必须要狠狠叱责孩子的观念已经根深蒂固。她们深信不宽恕就是教育，所以一个个都变得凶神恶煞。

不宽恕孩子，孩子就无法改过自新。换言之孩子就无法回归社会。痛改前非是宽恕之后才有的事。只要不被宽恕，孩子就会像服刑的犯人一样整天想着越狱，结果就像为偷取一片面包而被关进监狱、因担心家人一再而三地越狱、服刑长达15年的冉·阿让一样无法重新做人。

那么，我们必须好好地思考一下，既然冉·阿让获得宽恕后都能重新做人，那为什么自己的孩子获得了宽恕就无法改过自新呢？冉·阿让都能够重新做人，更何况是我们的孩子呢！

有些妈妈总想着斥责孩子。这个也要说两句，那个也要说两句，到处找茬，一看到孩子做事就猛冲上去："等一下，你在做什么呀！"这跟得意洋洋抓走冉·阿让的那个警察毫无二致。反正我是怎么也不会认为，是那个警察给了冉·阿让改过自新的机会。

有一首流行歌曲是这样唱的：我不想知道你的过去。你不觉得这是一句非常了不起的歌词吗？无论你用什么手段，再怎么努力，也无法挽回过去的一点一滴。为了让过去合法化，人必须在自己的辩白中掺入痛苦的谎言。翻脸不认账需要勇气，可孩子无法变得如此大胆。对于过去，希望我们能放过它，无视它。必须战胜错误的不是别人，正是孩子自己。那是孩子们自己的课题，或许别人是不应该多嘴的。

可是，有些妈妈却紧紧抓住过去的这些错误不放，还把它们如同铁证般地高举过头大声叱责。

"那时你是怎么说的？那就是说你在撒谎？"

你这么条理清晰地逼问孩子，只会让孩子无处可逃，信心全无，对自己失望。

但是，那些对于孩子而言，却是无可替代的、非常宝贵的尊严。对孩子而言，与其被人揪住小辫子按倒在地，还不如选择撒谎。的确，再没有比翻旧账更屈辱的事情了。当你对着孩子翻旧账揭老底的时候，孩子就会容易撒谎。因为孩子想用谎言保护自己。为了面子，孩子必须捍卫自己的尊严。

撒谎的的确是孩子本人。可是你必须意识到，真正让孩子撒谎的却可能是妈妈穷追猛打的那份深深的执念。

宽恕孩子，对孩子的过错既往不咎。这样孩子才能回到原先的一张白纸，才能顺着自己的上进心重新来过。在一个没有宽恕心的家庭中长大的孩子，只会忙于文过饰非，怎么也无法恢复到真实的自己。

安心感与注意力

一说到安心感,眼前就会浮现散漫松弛的画面,甚至还有人会联想起孩子含着杂粮点心呆呆看电视的模样吧!

但是,我这里所说的安心感与怠惰松弛的性质完全不同。过去,巨人队的某位著名选手引退时曾这样对着记者们发牢骚:

"我一放松,就会感觉浑身无力。哎,我真觉得已经到了自己的极限。"

促使他下定决心引退的原因只有一个,就是他已经无法自如地放松自己了。而这种放松与我们在这里所说的安心感有着密不可分的联系。他通过自然的放松来集中注意力,打出了精彩无比的本垒打。因为卸去多余力量,反而提高了他的爆发力。

我所说的"安心感"中也蕴含着与这位选手自然放松相当的威力。只要有了这种魔力,也就是安心感,孩子们就应该能够像处在全盛时期的这位选手一样,百分百地发挥自己的能力。

没有安心感的状态是一种不安定的情绪，好像有人不断催促着自己似的。它会给人独独自己被抛下的感觉，让人陷入被谴责的感受中，始终受到不安的威胁，仿佛自己忘记了什么重要的东西一样。这种时候还在使劲，就会像电线短路了一样，无论怎么着急脑子也无法正常思考了。

"哎呀，这个投手去年已经三振多次了。现在第九局已有两人出局，如果我再打不中就会输掉整场比赛。如果三振出局会被报纸大肆报道的。今天就没有安打（编者注：安打指棒球或垒球运动中，打击手获得上垒机会的击球）了。"

这些想法反复在脑中浮现，身体就会一个劲地使力，就算是著名选手也会击不中的。而当选手放松自如地进入击球员的位置时，快球投手投出的棒球就会变得像排球般大了。放松也就是安心感，不仅提升了他的注意力，甚至还提高了他的运动能力。

只要你想一想前面说到的没有安心感是一种多么不好的精神状态，就能很容易地明白安心感是提高注意力的心理机制了。

在缺乏安心感的心理状态下，起作用的只有自我防卫心理，也就是消极心理。在赛跑比赛中一直向后跑的人，是不可能夺冠的。

在毫无杂念的状态下，即没有感到不安时，人才能百分之百地发挥自己的求知欲、创造力和记忆力。就像图像只会在雪白的屏幕上清晰显现出来一样，新知识、新理念也只有在"安心感"这一白色屏幕上才会现身。只有怀有一颗无所畏惧的积极向上的心才能汲取新的知识。也就是说，安心感是提高能力的基础。

"妈妈讲座"体验报告
▷ **心若安定，尿床也能治愈**

【对父母的情绪非常敏感的孩子们】

我有两个儿子，大儿子谦介（小学二年级）从不尿湿被褥，而二儿子修一（幼儿园大班）却一直有尿床的毛病。

我曾在"妈妈讲座"上找山崎老师咨询此事，他给了我以下几点建议。

"固然睡觉前大量喝水会产生尿床现象,但除此之外还有一个造成尿床的原因,那就是当孩子怀着不安的情绪入睡时,睡眠会相对较浅,抗利尿激素的分泌不良,会引发尿液的大量排出。这可能是修一发生夜尿症的原因吧。

"如果妈妈温柔体贴,还能用'我喜欢你''你是我的宝贝''我站在你这边'的话语填满孩子的心,孩子就能安然熟睡。这样一来,抗利尿激素的分泌就会活跃起来,夜尿症也可以不药而愈了。"

听后我大为震惊。因为我从未想过自己唠叨过多会让修一不安,从而引发尿床。我带着山崎老师教给我的话回到了家。

从那天起,我不仅努力让自己变成一个大耳朵、小嘴巴、温柔眼的妈妈,还一有机会就紧紧抱住修一,让他感受我胸口温暖的同时,柔声细语地对他说:

"妈妈最喜欢阿修了。"

"阿修是妈妈的宝贝。"

"无论遇到什么事,妈妈都会站在阿修这一边。"

修一脸上的阴霾消失了,他变得像婴儿一样跟我撒娇，而我也任其撒娇直到他满意为止。

过了一段时间，当我确信修一的心已经安定下来后，这样对他说道：

"阿修，我从一位很厉害的老师那里学到了一种不会尿床的咒语，我想在你身上试试。你闭上眼睛，好吗？"

修一很听话地闭上了眼睛。我把手放在他的额头上，然后"么咕、么咕、么咕"全神贯注地念出了一串复杂的、听似很灵验的咒语。接着"啪"地拍了一下修一的额头说：

"已经好了。你不会再尿床了。你可以安心睡觉了。"

"嗯，妈妈晚安！"修一说着就上了床。那一晚，修一没再尿床。

自那以后，我每天晚上都会给修一念咒语。

有一天晚上，大儿子谦介央求我也给他施一次咒。我想没必要那么认真施咒吧，"么咕、么咕"我漫不经心地念了几句咒语草草了事，没想到第二天大儿子的被褥竟然全尿湿了。孩子对父母的情绪有多敏感，我算是再一次领教了。

净被批评的孩子

"怎么这么点东西都搞不懂呢!"

"我不是教过你很多次了嘛!"

每被妈妈或老师批评一次,孩子的安心感(即放松自如的状态)就会丧失,畅快汲取新知识的能力也会受到极大的影响。就像孩子无法在遭遇大浪、如树叶般摇晃的船中搭好积木一样,只要心中存有"不安",就无法在起伏不定的心中形成新思路、新形象。

有一次,我因感冒去了附近一家医院就医。当时在那家医院的候诊室里,我观察到了两对截然不同的母子。

在医院的候诊室中,一个小男孩拿起放置在书架上的一本绘本,一边看书一边冲着妈妈问这问那。可那位妈妈却对孩子的问题置若罔闻,甚至还非常不耐烦地把孩子推开。遭到妈妈拒绝的孩子把绘本往沙发上一扔,一会儿把候诊室的拖鞋搬出去,一会儿心神不宁地走来走去,完全无法安静下来。而每次他这样,妈妈都会用烦躁不安的语气严厉斥责他。

我当时是这么想的。如果那位妈妈在孩子拿着绘本问她问题时，能更认真地回应一下孩子的话，可能那个孩子的表现就会大不相同。至少那个孩子一定能够静下心来专心阅读绘本。

孩子们是在与妈妈的交流过程中慢慢提升自己的能力的。孩子从妈妈身上获得安心感，通过与妈妈在语言和行动上的互动逐渐形成自我。

除了人类以外，其他哺乳动物几乎都是在胎内完成成年个体的生长发育的。小马驹在出生后几小时就能独立行走，出生后几天便能和妈妈一同在牧场中行走。

但是，人类的婴儿在出生后的几年内都必须借助妈妈的力量，否则他们一天也无法生存。非但如此，从幼儿步入成人行列，人还要在此基础上再花十年以上的时间。

也就是说，人类的婴儿在诞生之初尚不成熟。而且原本必须再待在胎内一段时间却被迫出生的人类婴儿，其实还是需要与待在胎内时同样的安心感的。正是有了那份安心感，孩子才能顺利地从妈妈那里学到相应的语言和知识。

为了让孩子学习就必须给他安心感，希望出生不久的小马驹或小鹿像成年动物一样活动，就必须给予它在母体内充足的发育时间和安定的发育环境，二者是同一个道理。

"妈妈讲座"体验报告
▷你怀疑孩子，孩子就会撒谎

【就算孩子欺骗了你，你也要相信孩子】

我的大儿子信之读小学五年级。

某个星期一的下午，我在信之的房间里找到了一些练习书法的用具。今天上午他应该有书法课的，可是……我思考着该怎么对放学回家后的信之提这件事。

下午，我去购物时，遇到了信之同班同学清的妈妈。据她所言，今天忘带练字用具的信之被罚在黑板旁站20分钟，还哭了鼻子。今天轮到信之值日，所以他还在学校搞卫生，而清已经回家了，并把这件事告诉了他的妈妈。

不知信之哭鼻子时是什么心情。如果我再为此事斥责他，兴许他会害怕的吧。开始参加"妈妈讲座"的我受这样的想法驱使，不再在意清的妈妈说的"信之还需要再认真点呐"的话了。

我在厨房准备晚餐的时候，信之从学校回来了。

"我回来了！"

"今天学校怎么样？有没有发生什么特别的事？"

"没什么特别的。"

"是嘛，那就好。"

我温柔地说道。信之听罢便走进了自己的房间。如果他本人不想说就算了，我要相信他。我心里这么想着，没再多问。换作以前，我肯定会像警察一样穷追不舍，非要他坦白交代所有的事情不可："别再骗人了。就算你想瞒也瞒不住，今天是不是被罚站了？为什么不早点说？"今天我没有那样做。

第二天早上，信之面带愧色地对我说：

"妈妈，我有点抱歉。真对不起。"

说着他就把昨天学校发生的事一五一十地告诉了我。

"没关系的,好好努力吧!"

听我这么一说,信之惊讶的眼神中闪过一丝如释重负的轻松。之后他非常开心地重重地点了点头。

信任就是力量

对于孩子而言,妈妈就是太阳

无论好人坏人

太阳都会不偏不倚地用阳光洒满他们的全身

对于孩子而言,爸爸就是大地

无论好人坏人

大地都会一视同仁地任由他们在自己的身上行走

请相信自己的孩子吧

被人相信是一件非常快乐的事

与其怀疑还不如相信

被骗未必不是件好事

知道被骗而不去戳穿更了不起

山崎老师曾在"妈妈讲座"上给大家朗读过这首

诗，我终于能够深刻领悟这首诗的含义了。

语言互动很重要

且说，候诊室中随后又来了一对母子。这个孩子也是拿着绘本对着妈妈问这问那：

"妈妈，这是什么？"

"这是变色龙哦。"

"嗯。"

"名字记住了吗？"

"记住了。"

"那你重复一遍给妈妈听听。"

"嗯，变……"

"变—色—龙！"

"变色龙！"

"对了。"

在这期间，这对母子的表情始终非常平和。这个孩子没有不安感。在这份安心感中，妈妈巧妙地引导着孩子一点一点地汲取知识。这个妈妈为了教会孩子"变色龙"这个词，采取了让孩子反复重复的方法。

这就是语言的互动。互动不仅只是单方面的投球，还需要让孩子把球扔回来。通过这样的互动，孩子就能切切实实地把带有自己体验的知识转化为自己的东西。

"不是刚刚教过你了吗？你怎么这么笨！"

如果妈妈这样说，那么孩子可能什么新东西也记不住。真正的教育，是赋予孩子在胎内时同样的安心感。人类需要提早出生的一个理由，在于人类可以通过后天的母子交流（语言上的互动）来加深学习行为。

偶尔也请您好好观察一下，看看孩子是否有足够的安心感，孩子是否对妈妈或老师抱有不安情绪。在责备孩子之前首先应给予孩子安心感。还有，要注意用非单方面的互动交流来俘获孩子的心。被赋予安心感的孩子才能以一种放松的心无杂念的状态面对妈妈。

"妈妈讲座"体验报告
▷首先从妈妈开始学习

【寻求母爱的哥哥】

我有两个儿子,五岁的太郎和三岁的次郎。

我被这两个精力旺盛的儿子搞得筋疲力尽。若说我为什么会被他们折腾,与其说我不懂他们的心思,还不如说我不想去懂他们的心思。

其实,如果能留出点时间让自己冷静,就应该懂得孩子们需要什么。只要能够满足他们的要求,两个爱闹腾的孩子就会立刻变得顺从乖巧。

吃完饭后,我抱起弟弟次郎,帮他把手和嘴巴洗干净。

做哥哥的太郎看到后,也凑到我身边死乞白赖地要我帮他洗手洗嘴巴。

"你是哥哥,已经五岁了哦!可以自己洗了。快,自己去盥洗室!"我总是无情地将他赶走。结果怎么样呢?他开始哇哇大哭,还抓到什么扔什么。即便如此,我的脑中还是自负地认为"如果现在不好好管教,以后……总之是为了他将来好",最后以打了他一记耳光让他停止反抗收场。

无论在幼儿园还是公园玩时,太郎都是自己一个人洗手洗脚的。如果他想洗的话,是可以独立洗干净的。

仔细一想,我才发现太郎真正需要的,并不是让我帮他和弟弟一样洗手洗嘴巴的行为本身,而一定是希望我能把抱着次郎洗手洗嘴巴时的那份母爱分给他一点。

"来吧来吧,我帮你洗吧!"我帮太郎洗完了之后,他就笑眯眯的非常满足,马上精神饱满地玩去了。

自己的应对方法稍有一点不同,就可以让孩子变得无精打采,难以对付,当然也可以让孩子变得很开心。所以,首先妈妈应该去学习一下如何成为一个好妈妈哦。

教育孩子的关键⑥

如何促使孩子发奋?

妈妈在家中扮演"警察"和"法官"的角色有害无益,要允许孩子失败。

3

一边忍耐一边抚养孩子？

妈妈拼命地想把自己的孩子培养成一个优秀的孩子。可孩子却怎么也不按妈妈所想的那样发展。于是，不知不觉中妈妈开始喋喋不休起来，但这样只会互揭其短。

管教和教育只有在父母关系圆满时，其效力才能更好地发挥出来。当两者发生不和谐的情感冲突时，并不适合进行管教。如果父母过分强势或过于情绪化，就会像数学老师做错了简单的加法一样，得不到学生的认同和理解。

"人对人"是教育的基础。行动时相互重视对方的存在是教育的大前提,也是教育过程中的关键所在。如果忘记了这点,就算你一开始就对孩子严加训斥,受训斥的孩子也不会感觉自己被当成一个独立人那样获得了人格认同,所以不会产生认识上的共鸣,因此那样的斥责自然也不会起到任何作用。

好管的孩子就是好孩子?

亲手绘制孩子的未来蓝图,并让孩子照着这幅蓝图发展的父母不在少数。也可以说,大部分父母关注的并不是孩子的素质,而只是孩子今后的出路。这就像没把车子检修好,只一味地对道路进行施工一样,不得不说是荒谬至极的。维修员的工作应该是先把车子检修好,让它既能在高速公路上平稳行驶,也能够从容地穿梭于丛林险路。

我曾问过妈妈们,在她们心目中怎样的孩子才算是好孩子,她们是这样回答我的:

①学习成绩优异的孩子;

②乖乖听父母话的孩子；

③不费事的孩子。

与其说这些是好孩子的理想状态，不如说是父母最好管的三类孩子。如果孩子的学习成绩好，做父母的就会很放心，而且还能使孩子成为自己炫耀的资本。既能在家长会上挺起胸膛，还不会在邻居和亲戚面前丢脸。在崇尚学历的社会中，读书读得好是一种无上的荣耀。它会给人一种错觉，仿佛读好了书就开启了孩子的瑰丽人生，会在高考中胜出，然后从一流大学毕业，进入一流企业。

可是，不论你再怎么在道路施工上操心费神，若是最要紧的车子故障不断，那也无济于事。到底教育是为了谁，为了什么？喜欢乖乖听话孩子的心理和觉得养起来不费事的才是好孩子并报以微笑的做法，都是父母只图自己方便的表现。这样的教育并不是为了孩子，充其量不过是一种方便父母自己操控孩子的手段罢了。

孩子有自己的人生，他的人生只能靠自己一个人去闯。而且他的这番闯荡遵从的不是父母的意思，而是自己的意思。可以说，孩子操纵术中绝对缺乏对孩子自立这部分内容的考量。如果父母把孩子当作一个独立的人来尊重，就应该会发现孩子身上存在的各种问题。做父母的必须意识到，作为一个人来说，父母身上存在这样那样的问题，其孩子也会带着相同性质的问题成长。

这里需要大家注意的是，把孩子培养成一个成绩优异、性格开朗、积极向上、能够自律的人说到底只是一种教育成果。

这就像无论你再怎么摆出贝多芬的乐谱，再怎么把凡·高的画作高举过头唠叨个不停，都无法培养出天才音乐家或天才画家一样，这种标榜结果的做法毫无意义。因为真正的教育需要在孩子的成长过程中不断给予他正面的刺激。作为父母，你难道不觉得把自己绘制的所谓蓝图摆在孩子面前的行为，与在练琴的孩子面前摆出贝多芬的乐谱，并且以此来责难孩子的行为毫无不同吗？

贝多芬的乐谱只是一个完成了的结果。而应该当作问题的不是那个结果，而是过程，诸如罗曼·罗兰笔下的约翰·克里斯朵夫与最终发狂发疯的凡·高经历过的那充满苦恼和荣耀的过程。

教育途中经过的地方横亘着教育注定要面对的各类

难题。不论多么了不起的教育理论，都要经过几年乃至几十年才能显现结果。正因为如此，我们才更应该重视教育的过程而不是那个结果。

让孩子照着父母绘制的蓝图发展的想法，与教育的本质无关。打个比方来说，那应该可以说是一种"人生设计"。我们姑且不论父母为孩子绘制的人生设计蓝图是否适合孩子，单就父母挥舞着设计图纸、将其作为教育根本的态度本身就是一个非常大的错误。更何况，当父母绘制的蓝图和孩子的资质完全不匹配时，既是教育的失败，更是教育的悲剧。

在孩子对妈妈的不满中，排名前三位的依次是：

①立刻质疑；

②执拗，不断催促孩子"快点快点"；

③无论什么都往坏处想，喜欢生气。

尊重孩子自己绘制的人生草图

有些妈妈有着很重的疑心病，总是执拗地强迫孩子，一味抠出孩子不好的一面。大多数妈妈这样做的目的并不是教育孩子，而是希望孩子能够沿着自己绘制的蓝图前行。妈妈会"担忧"孩子没有按照自己绘制的蓝图前行，会为了让那充满荣耀的一天早日到来落个安心而"强迫"孩子，还会为孩子违背父母的意思而不安、肆意"发火"。

当有人将孩子认为是"白"的东西颠倒成"黑"的时候，孩子就会失去自信。尽管孩子动用了自己的知识和感觉确信那是"白"的，却还是被人洗脑成"黑"的时，不仅是自己的知识和感觉，孩子还会对自身产生怀疑。然后，孩子开始害怕自己会再次把黑的错认为是白的，变得不再相信自己。而且，今后他还会很不安，不知道该相信自己的什么，又如何走下去。

如果把父母绘制的蓝图或者父母制定的人生计划强加在孩子头上，孩子就只能在搞不清楚状况的情况下任由缰绳的牵引，朝着父母设定的方向默默前行，因为那并不是孩子自己的想法。如此一来，用自己的头脑思考、分辨黑白的欲望就消失得无影无踪。拥有目标、自己昂首挺胸前行的孩子，和被拽着拉着被迫前行的孩子在自信方面有着天壤之别。"被缰绳牵着走"不会要求孩子动用自己的知识、想象力和感觉。但是，必须由自己设定目标时，孩子就会根据自己的想法，依靠自己的魄力先燃起前进的欲望。

最重要的不是父母扔给孩子一个目标，强迫他前进，而是发现并提升孩子的良好素质，最终让孩子拥有能够完成任何目标的强大力量。

不要胡乱地催促孩子。不要怀疑、喋喋不休地责怪孩子。不要净是看到孩子不好的一面并严厉指责。表扬孩子做得好的地方，无视孩子做得不好的地方，拥有一颗宽容的心，这样即使妈妈不催促孩子，孩子也会在不断摸索的过程中朝着自己的目标稳步前进。那才是孩子自己绘制的人生蓝图中最珍贵的草图。

很多妈妈会为一种现象苦恼不已，就是在幼儿时期乖巧不费劲的孩子，会在成为初中生或高中生之后，变得缺乏朝气或很暴力，请大家也要铭记这点。

教育孩子的关键⑦

如何培养孩子的做事积极性和自立能力?

帮助孩子设立自己的目标和计划,然后在家中公开认可。就算孩子无法达成目标,或三番五次地改变目标,也不加责难。

4

教育就是帮助孩子获得成长的动力

最好的教育方法:停止喋喋不休

日语中有句谚语,叫作"糖块和皮鞭",是比喻运用糖块引诱和皮鞭威胁两种方法,来达到让人听话的目的。

"如果你每天学习不超过三个小时,我就削减你的零花钱!"用的是"皮鞭威胁"的方法。

"如果你考了一百分,我就给你买塑料模型。"用的是"糖块引诱"的方法。

这种"糖块和皮鞭"的方法非常好使。首先,它一点儿也不麻烦。用糖块引诱还是皮鞭威胁可以根据使用者当时的心情而定。搞清何谓教育是件非常麻烦的事，不必为其费神伤脑确也值得庆幸。

同情并站在对方的立场上思考和娇惯溺爱是性质不同的两码事。因为娇惯溺爱是指单纯地给对方糖块。反之，喋喋不休地斥责则是一种语言上的惩罚，它和使用皮鞭是同一回事。

我想大家应该已经明白——娇惯溺爱和认同对方立场下的任其撒娇，是有本质区别了吧。而且，大家应该不难想象，语言上的惩罚，即喋喋不休会多么严重地损害孩子的尊严。

如果把糖块引诱和皮鞭威胁的方法用在孩子身上，那么任何一个孩子都会面露不悦，反抗到底的。也许其中会有压抑自己、关闭心扉的孩子，可以说那都是极其正常的。因为教育无非就是传授孩子技能，让他可以有想法、有尊严地生活，除此之外再无其他。而糖块和皮鞭只会摧毁正在成长中的孩子的人性。也就是说那根本不是教育。

著名的管理理论"马斯洛需求层次理论"曾向人们

指出，人类的需求分为五大层面：

①生理需求（食欲等原始需求）；

②安全需求（希望自己能置身于放心状态下的需求）；

③社会需求（希望获得别人认可的需求）；

④尊重需求（渴望从别人那里获得高度评价的需求）；

⑤自我实现需求（希望从别人的评价中获得能让自己感到满足的东西）。

可以说，孩子们的成长过程，就是慢慢提升自我需求层面的过程。按照马斯洛的理论，婴儿的需求是停留在第一个层面上的需求。他想喝奶了、想睡觉了就哇哇大哭。

而到了小学阶段，孩子就会想要安心感，再长大一点就会为了获得别人认同变得积极努力，最终为了赶超别人而拼命。

这是人类再正常不过的成长轨迹。也就是说，这是人一开始就具备的，在慢慢适应社会生活的过程中被激发，并随着年龄增长自然发展起来的适应性精神活动。而教育无非就是帮助孩子成功地攀登上这些"需求层面"。

"糖块和皮鞭"理论与这种心智发展过程针锋相对。首先,皮鞭(语言上的惩罚)会把第二层面的需求(安全需求)击垮,会瞧不起第三层面的需求(希望被当作一个独立人被认同),进而把第四层面的需求(希望获得别人的高度评价)从人类成长中抹杀掉。糖块(娇惯溺爱)也是同样。希望自己被当作独立人认同的孩子、希望从别人那里获得高度评价的孩子,会满足于这种伪善的糖球吗?

父母首先要给予孩子们安心感(满足第二层面的需求),接着把孩子当作独立的个体来对待(满足第三层面的需求),再进一步高明地引导孩子产生领先同伴的意识(第四层面的需求)。

你需要做的主要就是笑眯眯地看着孩子发展自己的需求欲望。我可以在此断言,除了停止喋喋不休,再没有比这更现实更好的教育方法了。

说一句"妈妈错了"

只有对孩子进行百分之百的肯定,才能促使孩子成长和进步。"自我否定会提升孩子的品行和能力",不知道这种缺乏科学依据的说法,迄今为止毒害了多少父母和孩子,每每想到这里我都痛心疾首。

自我肯定会建立起完美的自我意识,并在这种意识中结出成长的果实。面对这一重大事实,有些人表现出了令人震惊的满不在乎的模样。

"你那样就挺好",当你笑眯眯地这么说时,风向就会发生改变。从那一瞬间起事态就会朝着好的方向发展。

可惜一些人不愿意那么做。甚至还选择了相反的方法,以至于问题日趋复杂。

难道这样的父母都不爱自己的孩子?有时我甚至会产生这样的怀疑。

人若是受了伤,就会给伤口消毒并轻轻地缠上绷带。任何一位名医都不会粗鲁地撕开患者伤口,往伤口里抹泥巴。如果妈妈够温柔,在轻轻缠上绷带后还会温柔地亲吻孩子，紧紧抱住哭泣中的孩子。

安慰对方是自我肯定的一种辅助方式。

妈妈为什么不能用同样的方式来对待心灵受伤的孩子呢？明明心灵上的伤痛远比身体上的创伤更难愈合。

无论孩子们接触到的教育多么正确，被施加了多么高压的教导，在遇到肯定自己的话语之前，他们很难改变态度。

这就是心灵受伤的本质。如果你不温柔地抱紧他，不鼓励他，他心里的创伤便无法愈合。

我是这样拜托那些拒绝上学、在家里打人或具有不良行为的孩子们的家长的。你们要把让孩子伤心的事一件一件地对着孩子说出来，并这样告诉孩子：

"以前是我们给了你这么痛苦的回忆。我们错了。"

于是，孩子心中积蓄已久的不满情绪，会像化脓伤口中不断溢出的脓水一样喷涌而出。

只消一个晚上，暴风雨就会过去，请你们务必竭力忍耐。反驳是没有用的。因为只有把脓血从伤口中挤出来，孩子才会像噩梦消失一样霍然痊愈。

我曾遇到过一位一流企业的董事夫人。她的烦恼就是差点误入歧途的女儿。她说，有一次女儿和她发生了口角，最终离家出走过起了一个人的生活。在此之前她和女儿之间已经有好几年没有对话了。实际情况恐怕比她描述的还要糟糕，母女二人是在循环往复着斥责和反抗吧。

有一次，这位妈妈给女儿打电话，"这么长时间以来，妈妈做了很多对不起你的事，请你原谅妈妈吧！"当她这样向女儿倾情告白时，一时不知该怎么接话的女儿突然哭着大叫起来：

"妈妈，你终于能够理解我了呀。"

多么充满戏剧性的和解啊！妈妈只是为她没有把孩子当成大人一事进行了道歉，没想到之前的芥蒂隔阂、憎恨厌恶竟然全都烟消云散了。

"岂有此理，怎么能让父母向孩子道歉！"有些妈妈这样说。

因为她们从一开始就认定孩子是不骂不成器的。她们深信不疑地认为揭孩子短、给孩子下命令、让孩子对自己俯首称臣就是教育。但是她们完全忘记了，其实在此之前，孩子们满心期望的不过就是妈妈温暖的一句

"我爱你"。

我记得自己还是少年的时候,有一次妈妈不肯给我买一本《少年俱乐部》杂志,以至于到现在我还有些埋怨她。如果妈妈现在向我道歉说:"房一啊,那个时候妈妈没有给你买《少年俱乐部》,真对不起啊。"我也会噘着嘴回她说:"是啊,那一期有好多副刊呢。"

有时孩子真的是蛮自私的,但是你也不用担心。因为之后孩子一定会紧紧抱住上了年纪的妈妈呜呜哭着道歉:"真抱歉我说了很任性的话,我最爱的妈妈。"

父母和孩子之间绝不是命令和服从的关系,而是拥有骄傲和尊严的人类之间一对一的灵魂碰撞。人总是容易忘记这点,才会使父母和孩子陷入不幸。

养育孩子是一种爱的关系,那才是根本。教育和管教是在爱的基础上结出的果实。这里所说的爱,并不是心中的爱,而是爱的语言交换;不是名词的爱,而是动词的爱。如果你对此偷懒,那么男女间的情爱也可能会悲惨收场,夫妻更可能会陷入离婚的危机。这与之前提到的心中有爱但不显于形是同一个道理。

让我再重申一次。不显于形的爱与没有爱是一样的。孩子们不能像恋人或夫妇一样，能自行清算爱的形态不复存在后的痛苦关系。因为孩子还不能在社会上自立。

所以无结果的爱会转化成恨沉淀在孩子的心底。

孩子憎恨父母……这是一句多么可怕的话语啊。但是，我认为妈妈不去温柔地告诉孩子："妈妈非常爱你""你是妈妈的宝贝""无论发生什么事，我都支持你"，同样也是一件非常残忍的事。

孩子希望从父母那里得到什么？

大人与孩子之间的关系看似单纯，实则相当复杂。那么，当亲子关系无法用常规方法来处理时，我估计是在情感上出现了问题。

以前，亲子关系是一种绝对的关系，而且比起现在，亲子关系可能更加和谐。我记得小时候，学校曾教育我们"要成为像爸爸妈妈一样的优秀人才"，甚至还让我们一起跟着念"父母的爱深似海"。

亲子关系变得不再稳固其实是近来才有的事。

　　因为亲子间产生隔阂的情况在不断增加。

　　原因在于现在的社会是一个充满变化和竞争的社会，而父母在培养孩子时已经不再那么自信了。一些父母不是更多的考虑如何让孩子拥有自己的幸福，而是把教育孩子的着眼点放在了如何让孩子在注重比较偏差值（译者注：日本用以衡量学生的学习能力，并作为录取的重要标准的数值）的竞争中胜出。

　　于是，有些妈妈每天只顾在匆忙中催促孩子。她们已经把评判孩子的确切标准全部压在了偏差值这个怪物上，所以自己也变得局促不安。

　　过去，对孩子而言，爸爸妈妈的表扬就是最高的荣誉勋章。

　　而现在，评价孩子的标准却成了偏差值这一怪物。

　　孩子们忽然惊慌失措起来。本来，偏差值这一怪物应该是不可能替代父母温柔的眼神的。

　　可是，妈妈却拼命用偏差值这一标准衡量孩子，还拿起了"比较"这把残酷的秤杆。而且这把秤杆上的刻度还是由偏差值和父母的价值观构成的。如此一来，就又与前文谈到的"不把孩子当作一个人对待"的做法毫无区别了。

这样的做法,很容易把亲子关系毁掉。

原本应是充满热情、心情愉悦的妈妈没有了温柔,只会用"快去学习""快点儿,真磨蹭""你打算看电视看到什么时候"向孩子发泄自己的紧张情绪。而另一方面,妈妈放弃与孩子对话实则是对孩子的教育丧失了自信。

我会在这里提出这个话题是有道理的。其一是因为亲子关系,特别是爱的关系进展不够顺利时,育儿的红灯就会忽亮忽灭。其二是如果孩子讨厌父母,就会停止心灵的成长。

孩子是以父母为榜样完成心灵成长的。这种心理现象称为"同一化"或者"同一性"(Identity)。孩子们是通过一步步登上"同一性"这座阶梯变成大人的。

若要孩子通过这种"同一性"使心理获得成长,需具备一个重要的条件,那就是他必须先喜欢上自己模仿的榜样。

对于孩子而言,父母是形成自己精神世界过程中不可替代的榜样。首先，父母是孩子身边最亲近的同类，虽然他们属于不同的个体。再者，孩子与父母的关系最为密切，密切到非他人所能比拟。

一说到父母是孩子的榜样，大部分父母都会显露出难为情的表情。

"我有资格成为孩子的榜样吗""如果以他爸为榜样，那孩子是成不了器的"——流露出这类想法的人，并没有充分理解榜样的真正含义。孩子会敏感地捕捉榜样的本质，一边灵活应对一边成长。无论你怎么伪装掩饰，都是逃不过孩子的眼睛的。

而且孩子会巧妙地从父母的资质中选取对自己有用的部分，并收为己用。

构成孩子叛逆期的要素中包含了孩子对榜样的失望。一直将父母当作自己榜样的孩子，突然对父母的不满加剧了。当然，这并非是父母的错。而只是因为之前让孩子非常满意的榜样已经无法再满足孩子的需求了，孩子已经成长了。这就是说，因为孩子的成长导致了父母的相对贬值。

寻求榜样是关系到孩子"全面发展"的重大课题。

孩子如果失去了榜样，成长就会停止。当然肉体的成长还会继续，但精神的成熟却会在那一刻停止。

精神的成长是一种学习行为，所以一旦孩子失去了学习对象，到底该以什么为榜样来形成自我呢？

叛逆期是孩子对自己榜样梦想破灭的一种彷徨。但是那不会持续很久。因为孩子们会获得智慧，或发现其他新的榜样，或变换视角重新把父母当作榜样，也就是脱离叛逆期。

但是当孩子与父母感情不和时，孩子们就不会再有勇气把父母摆到榜样的位置上了。这就出现了误入歧途的萌芽。相信大家已经注意到了，这种误入歧途的萌芽有时是由父母自己引发的。

叛离了自己榜样（父母）的孩子会选择一种无目标的生活方式。原本孩子应该走一条亲近榜样，使自己与其同一化后，不知不觉超越榜样的"成人化道路"，可此时他会刻意回避，以致偏离方向，所以很容易误入歧途。

喋喋不休的弊端在这里得到了淋漓尽致的体现。孩子会注意到喋喋不休的父母的真实情况，和父母强加在孩子身上的理想主义之间的鸿沟。而且不久，他们也不得不注意到父母倡导的理想有些是不真实的。

如果是平静的说教，孩子一般是不会对父母的训诫产生怀疑的，但单方面的斥责会造成孩子的混乱，导致孩子与曾是榜样的父母之间深层次的不和。

所以，人们很容易把"孩子是看着父母背影长大的"这句话反过来用在父母需要振作上。其实，那只不过是说出了孩子精神成长的自然状态、本质的成长过程罢了。

喋喋不休的本质是一种父母无视孩子人格的"不安感"表现，这在本章的第一部分"喋喋不休的根源"中已有阐述。而且，喋喋不休对孩子而言毫无益处。非但如此，喋喋不休还加深了父母与孩子之间的隔阂，会给孩子带去极大的坏处。因为孩子会与本该依托来充实自己内心世界的榜样（父母）产生情绪上的对立。

孩子可以运用自己的智慧很快回避掉处于叛逆期的自己和榜样之间的感情不和。但是，喋喋不休造成的孩子与榜样之间的不和，却会给孩子留下很深的伤害，而且很难修复。

在母胎内获得妈妈全方位保护和全面营养，出生后得到母乳这一"完全食"（译者注：完全食是指富含维持健康所需营养的食品）的喂养，孩子确实得到了超出王者的殷勤对待，而且还不会就此满足。因为孩子还会要求从父母那里获得自身精神发展的食粮，也就是要求父母成为自己的榜样。

孩子是如此强烈地依赖着父母，迫使父母做出牺牲，但仔细想想这也许是很正常的。这么高智商的动物怎么可能会像猫狗那样随随便便就能养大呢！

特别是在孩子智力（精神）成长方面，如果他们不去消化诸如如何与父母和解、如何实现同一化等周密细致的课程内容，孩子们就无法独当一面。

至此，大家应该已经明白为什么"喋喋不休地斥责孩子""只是不断禁止孩子"和"反复下达命令"这些做法会毁了孩子了吧。这里我再把理由重新归纳一下：

①会造成与同一化对象（榜样）之间的感情不和；
②父母口中所说的理想主义和父母本身之间的落差过大，会造成孩子的混乱，让孩子迷失同一化的榜样；
③孩子只会与父母对自己发泄的"不平、不满、愤怒"形成同一化，而无法培养出心灵丰富的人。

"妈妈讲座"体验报告
▷父母关系融洽，孩子就会成长

【夫妻间的书信往来】

这是小川照代写给她远在札幌工作的丈夫的一封信。在获得本人的同意下，我在此一并将她丈夫的回信公开。

写给孩子他爸的信

谢谢你的电话。我们结婚已有十五个年头了。你独自一人去札幌分公司工作也有一年半了吧。

今天是我们的结婚纪念日，而你却身在札幌。没有你在身边我很孤单，不过我已经把你的照片摆在了桌子上，并和敏弘、美枝一起吃了个饭。

接完你的电话后，我深深感到与你结婚真好。

你很有耐心，理解我的任性，现在也好像已经完全接纳我了。我们也有过只盯着对方缺点，争吵不断，感觉再也过不下去的时期。

那会儿正值敏弘读初三，每天晚上都学习到很晚。

而你每天几乎都很晚回家。有一次我等你等累了,就靠在沙发上睡着了。迷迷糊糊中我听到了出租车停车的声音,但因为过于困乏没有起身迎你。

你轻轻地打开玄关大门,蹑手蹑脚地走进屋来,生怕吵醒我。你还从壁橱里拿来毛毯为我盖在身上。

洗完澡后,你从冰箱里拿了一罐啤酒,对我说:"小心着凉",便温柔地拉着我进了卧室。

就算你回来得再晚,只要我陷入困境或是意志消沉,你都会一声不吭地默默听我倾诉。而且你总会对我说一句:"干得很好,谢谢你!"你不知道这一句感激会带给我多大的宽慰啊。

因为有了事事听我倾诉的你,原本看不明白的事渐渐明朗,我还对很多事物产生了兴趣,原本狭窄的视野也慢慢变得开阔起来。你真是我人生中的良师益友。

你在工作上也很拼命,非常感谢你能为了这个家努力工作。

晚上工作过晚不利于健康,请适可而止。不要舍不得花钱,要好好吃饭,吃点有营养的东西。

敏弘和美枝都很努力,他们说不能输给爸爸。他们两个不仅学习努力，还经常帮我做事，所以你可以放心。

我们要争取长寿，一起好好享受年老后的精彩人生。

照代

写给照代的信

给你打电话我也很高兴，而这封可以反复研读的信却让我心头一热，感慨万千。

一直以来，我都只顾埋头工作，所以我经常内疚地责问自己，自己对于你来说到底算什么？对孩子而言我算不算是一个好爸爸？但是你的这封信却让我的心安定了下来。我觉得必须向你表达我的谢意，必须给予我的孩子们更多更深的爱。

虽然我是这么想的，但也难保不会有太过专注工作，不知不觉中说出一些伤害你和孩子的话的时候，请你温柔地给我指出来。

与照代两个人相互扶持携手前行的人生有多么美好，到了这个年纪我已经非常明了了。今后的人生或许还会存在痛苦和艰辛，但我还是希望那时候我们能互相成为对方的心灵支柱,用笑脸快快乐乐地继续度过每一天。

一直以来你真的做得很好,谢谢你!

札幌　道雄

"妈妈讲座"体验报告
▷ 诗歌

请你们好好相处哦!
爸爸
你为什么那么不高兴
是因为在公司不开心吗

星期一的早上
"高尔夫球不见了!
怎么搞的!"
你是不是大声叱责过
妈妈

我是爸爸和

妈妈的孩子

如果你们两个人吵架

我心中的爸爸和妈妈

也会开始吵架

我的头

会像裂开了一般!

如果家里

像冰一样寒冷

我将无处可去

拜托你们

好好相处吧

我最爱的爸爸!

我最爱的妈妈!

父母与孩子的同一性

孩子的精神与智力发展也与其身体一样，与父母有着依存关系。而且这种依存程度的重要性远远超出大家的预想。我们必须深刻领悟到，孩子的发肤受之于父母，孩子的精神世界也源自父母。

为了让孩子的心灵得到发展，就必须给孩子的心灵提供营养，这就像喂奶时柔声细语，一边享受孩子每天成长的快乐一边喂养一样。"喋喋不休"不是营养，而是阻碍心灵乃至身体健康的毒瘤，我们应该把这句话铭记于心。

接下来，再让我对孩子寻求同一化的榜样问题稍作阐述。一说起榜样，大多数人都会联想起"理想人物"这个词。但是我在这里所说的榜样却是"雏形"的意思。

孩子们常会玩"过家家"的游戏。"过家家"是孩子们洞察了父母的工作本质，模仿着妈妈在家做饭，爸爸去公司上班的游戏。孩子们玩过家家时的样子快乐无比，甚至还有让人忍俊不禁的地方。

小狮子频繁进行的嬉戏打闹也是一种"过家家"。也就是说,孩子们正在从模仿大人们的样子中学习其行为的本质。

妈妈不会手把手地教孩子怎么玩"过家家",都是孩子们自己随意玩的。这就像小狮子、小猫仔到了某个时期,不用谁去教,它们都会自然记住如何打闹嬉戏一样。

孩子就是这样从父母的行为模式中提取出"雏形",然后饶有兴趣地去实践尝试的。

孩子们会从爸爸那里找到循规蹈矩、责任感和强大的"雏形",会从妈妈那里找到温柔体贴、心灵手巧、关怀备至的"雏形"。然后再按照孩子自己的意志去实施。

这就是同一性的本质所在。

父母如同一家书店。书店里摆放着大量的书。孩子便是这些书的读者。孩子会从父母丰富多彩的书籍中,随心所欲地抽取自己心仪的那本,如饥似渴地阅读。

如果此时,书店的主人强制他说"来吧,今天你得读这本",或者不断对他死缠烂打,"你要哪本?这本书怎么样？那就这本吧"，那么反复多次之后，读者就会萌生逃离这家书店的想法了吧。

来书店的客人都是希望按照自己的想法挑选自己喜欢的书的，同样的道理，孩子也是希望根据自己的喜好，从父母丰富多彩的要素中挑选自己最喜欢的部分并为己所用。这件事无论如何都必须按照孩子自己的意志来进行。至于孩子选择什么，只是一个顺序问题，无关紧要。问题在于父母如何培养孩子那种想进书店的心情。也就是说，不能让孩子对父母失去兴趣。

大家一定都有这样的记忆：小时候，男孩子会对爸爸皮包里的东西充满兴趣，而女孩子则会对妈妈梳妆台抽屉里放着的化妆品兴趣盎然。

一旦这种关心或兴趣被父母封杀，就很有可能剥夺孩子长大成人后对社会的关注和接触社会的欲望。

对于孩子而言，父母既是装满宝物的宝石箱子，还是手持预示孩子未来地图的预言家。如果孩子与父母的关系不和，将会多么有害孩子的成长发育，相信我已经没有必要再多加赘述了吧。

接下来，我就在这里和大家谈一谈如何将亲子关系修复到和谐的状态，进而让孩子加倍成长的同一性心理吧。

第一个方法我已经在前文中有过详细阐述，就是父母要善于进行爱的表达。另一个方法就是给自己和自己的孩子打满分。

我给大家说明一下打满分一百分具体是什么意思吧。

我非常喜欢菜园，也喜欢饲养青鳉鱼和金鱼。花草和青鳉鱼能够把赋予它们的可能性百分之百地体现出来。所以它们身上不存在打钩或者打叉。或者可以这么说吧，它们不存在对错，都是满分一百分。它们是百分之百的番茄，百分之百的完完全全的青鳉鱼。

这是件令人愉快的事。所以它们绝对不会搞错，不会跑偏，能够让它们百分之百地燃烧自己的生命。

可是，人又是怎么一种情况呢？人总是会对现实中真实的自我吹毛求疵，"我如果那样做就好了""我本来应该这样做的"，然后不断严厉地给自己打分，唉声叹气。如果把这种严格的打分制度用到自己的孩子或者丈夫/妻子身上，更会让自己沮丧不已。

一旦你给自己打了五十分,就意味着你会为被扣去的五十分"复仇"。这被扣去的五十分会让你处于危险的境地。你为了与这被扣去的五十分进行无谓的斗争,就会像钻入地底的鼹鼠一样变得看不见阳光。

请试着给自己打上满分一百分,对自己说这样就好。自己的扣分为零,就完全没有必要自责或后悔——一旦你这样正大光明地给自己打上满分一百分,自己的可能性也就百分之百地拓宽了。就算你没有成功,事情没能像你预想的发展,也要挺起胸膛自信地对自己说:"我是满分一百分!"

然后也把这种心情传递给自己的孩子。

有一天,我发现之前放在水槽里的青鳉鱼卵同时孵化了。水槽里到处游满了像线头一样的小青鳉鱼。我看着它们的身姿不由开怀大笑。

因为那些游动的小青鳉鱼每一条都是黄黑斑纹的。黄色的青鳉鱼是我从金鱼店买来的,黑色的青鳉鱼则是我从乡下水池中采集的。这乡下的青鳉鱼和城市里的青鳉鱼生出了许多可爱的黄黑相间的小青鳉鱼。我高兴地欢呼:"太好了!满分一百分!"

青鳉鱼给自己打满分一百分，丝毫不怀疑自己的存在，所以不仅百分之百地接受了大自然的恩惠，还能够把赋予自己的可能性百分之百地变成现实。

教育孩子的关键⑧

如何培养孩子的独立性

请把自己的孩子想成是毫无关系的旁人。画一条线，与他保持一定的距离。然后把他当作一个独立的个体来对待。孩子的人生由他自己来掌控。请把自己的孩子当作人生的商量对象。要认识到自己的爱不过是母性而已。

第三章

五周速成的妈妈教室

每日心得体会

①实施时要做到不屈不挠、满怀希望。
②不用"我失败了""又回到原点了"责备自己,不让自己陷入消沉。谁也不可能一开始就做得十全十美。
③保持"一旦察觉自己错了就马上重来"的轻松心态。
④连续反复练习第一周到第五周的行动指南。为了达到更好的效果,梳理自己的心情,把自己做得好的地方和没做好的地方总结在日记本里。
⑤最好与关系亲密的好友互相帮助、互相配合着进行。

1

第一周行动指南

星期一

我发誓今天一天一定要做到以下几件事。

尊重孩子的想法和意志。不因自己的心情和情绪对孩子喋喋不休，下指令或发牢骚。

不急躁。事先与孩子说明缘由。

当孩子主动开口说话时，要停下手中的事，倾听孩子说话，不用"等会儿再说""现在不行""妈妈很忙"打发孩子。

妈妈喋喋不休这个大齿轮和孩子的小齿轮咬合在一

起运转起来，形成了孩子的生活节奏。哪怕大齿轮只是缓慢地转过五分之一圈，小齿轮也要以飞快的速度滴溜溜地跟着转。所以，一旦大齿轮突然停下来了，小齿轮就很有可能陷入恐慌。

也就是说，如果妈妈不事先与孩子说明缘由，突然停止喋喋不休的话，孩子就会陷入不知所措、无所适从的困境。有些孩子甚至还会因为揣测不了妈妈的心思而一筹莫展。

妈妈一旦决定不再喋喋不休，首先要向孩子说明缘由以获得孩子的理解。你可以这样说："从今天开始，妈妈不会再一会儿让你做这个，一会儿让你做那个地唠叨你了。我相信你很清楚自己应该做什么，所以请根据自己的判断去做吧。"孩子各不相同，也不排除会有这种可能：就是有些孩子虽然不喜欢妈妈唠叨，但他宁可在妈妈的唠叨下做事，因为这样他不用承担任何责任，反而轻松。

然后，请你这样明确地告诉孩子："如果你有什么话想对妈妈说，妈妈随时奉陪，不管什么事妈妈都会努力听你说的……"

这么做的目的在于希望孩子能把自己的心里话、一天中发生的事情或者无关紧要的事都说给自己听。

当孩子主动与你说话时，你可以用"是这样的吗""真是这样的吗""真了不起啊"一边听一边附和。不要说其他多余的话。

当孩子噘起小嘴开始说老师和朋友的坏话时，你要与孩子共情，比如满怀激情地对孩子说："他真是个坏家伙""你真够能忍的啊""妈妈会帮你的"。你这样说，孩子就会把心里的秘密一吐而尽，露出畅快舒服的表情。这时，你要说："刚才妈妈和你说的都是我们两个人之间的秘密，一定不能告诉其他人哦。"然后用小手指和孩子拉钩以示约定。孩子会牢牢遵守约定的。这样一来，孩子既能容忍自己讨厌的老师和朋友，也能心平气和地与他们继续交往了。

星期二

我发誓今天一天一定要做到以下几件事。

把孩子当成一个独立的个体平等对待。

因此，凡是孩子应该做的事、孩子职责范围内的事全部交由孩子自己处理，既不开口指挥也不出手帮忙。我要忍耐。

博是一名初二的学生，他曾辍学在家一年多。在那段时间里，他一直把自己闷在房中，心情烦躁时还会对妈妈、妹妹拳脚相加。现在他终于振作起来开始回校上课了。他跑来见我时，我问了他一个问题：

"当初你为什么要反抗你的父母？"

"嗯，因为妈妈一看到我就让我去学习，我听一下音乐她就说我有不良嗜好，还责怪我把房间弄得很脏。她看到什么都要说，我很烦，越来越想逃走。可事实上我怎么也无法摆脱死缠着我的妈妈的生灵（译者注：日本人认为，生灵是缠住别人作祟的活人灵魂），所以我对妈妈动了手。我不是妈妈的宠物。她只要把我当作别人就可以了。"

原来他一直在拼命呐喊，希望妈妈把他当作一个可以独当一面的独立个体来对待啊。

此时妈妈要下决心把孩子的人生交还给孩子自己。当妈妈把孩子当作一个独立个体对待时，孩子就有能力长成一个独立个体。说得通俗点,就是把孩子当成旁人即可。

星期三

我发誓今天一天一定要做到以下几件事。

为了帮助孩子成为自己的主人,凡是孩子自己动手开始做的事情,不论那件事多么微不足道,都不对孩子的完成情况进行检查,而是就这样给他打上满分一百分,并用"你真厉害""真了不起"等话语大力表扬。

绝不指出其不尽如人意的部分,也不教他该怎么做。但是,如果孩子征询我的意见,我要温柔地给他说明并耐心地教他。

"开始自己动手做"是一件多么了不起的事情啊。这才是一种挑战未知世界的勇气和创造力的跃动。

如果妈妈照着自己的想法喋喋不休地对孩子发指示下命令,就会掐断孩子人生中最重要的做事积极性的萌芽。

为什么妈妈会喋喋不休地发指令和下命令呢?因为

她自己焦虑不安。

因为妈妈陷入了一种错觉,认为如果现在多说孩子两句,让孩子照着自己说的去做,就可以预见到孩子一年、两年乃至五年后的样子,会比较放心。更有甚者,有些专制的妈妈还坚信现在多说孩子两句,让孩子照着自己的意思做,即便孩子现在不愿意,日后也一定会感激自己的。

可以准确预见孩子一两年后的全部情况固然让人放心,可孩子却会因此失去人生该有的感动和快乐。

孩子遇到不明白的地方时,只有依靠自己的判断在迷惘中前行才能获得各种经验,增长自己的智慧,由此才能收获预想不到的快乐。如果孩子所做的每一件事都要被家长检查,被家长评头论足,那么他自己动手做事的积极性就会枯萎。

不论什么事,只要是孩子自己动手做的事,家长首先应给予认同,然后在孩子没有察觉的情况下用一种提醒注意的语气将孩子向好的方向引导,并积极表达你对他的钦佩赞许之情。如果有需要用钱的地方也不要吝啬,开开心心地拿出钱来在背后支持他吧。

星期四

我发誓今天一天一定要做到以下几件事。

为了抚慰孩子受伤的心灵,我会把自己作为母亲所记得的从孩子出生到今天为止让孩子伤心的事,全部都详细地写到纸上,并一一道歉,包括我唠唠叨叨地训斥孩子、说孩子坏话、不给孩子买他想要的东西等等。

然后跟孩子说"妈妈只记得这些,请你把你记得的妈妈所做的讨厌之事全部说出来",并向孩子一一道歉。

人很容易把自己轻视别人、殴打别人、说别人坏话的事忘得一干二净。但是当你站在相反的立场上时,再微不足道的事你都绝难忘记,因为它们会像刺入指尖的一根小刺一样让你隐隐作痛。

为了让自己的孩子变得更好,有些妈妈常会对孩子采取唠叨责骂、殴打、恶言相向、关壁橱等方法,甚至还有怒吼着"我没有你这样的孩子,滚出去",把孩子推到门外狠心锁门的妈妈。哪怕孩子在门外撕心裂肺地哭喊"原谅我吧!我再也不那样了",妈妈还是固执地抱着现在心软就是害孩子的想法毫不妥协,那样子简直与魔鬼无异。

有时孩子踮起脚，拼命朝着妈妈用语言描绘出来的理想状态靠近，可是只要孩子稍一靠近，妈妈又会提出更高的要求。始终无法满足妈妈要求的孩子给自己打上"无能没用"的烙印后，一天二十四小时处于自责之中，紧张痛苦不堪。这样的孩子因为缺乏自信，变得总爱观察别人的脸色，他们的心没有一刻安宁，孤独摧毁着他们的精神。而且妈妈那张魔鬼般的可怕面孔已经占据了他们的内心，牢牢掌控着他们，无论去到哪里都无法摆脱。没有那种经历的人是无法理解那种痛苦的。

就这样，你可能再也无法从孩子的脸上看到天真无邪的笑容。

但是，即便是这样恶劣的母子关系，也能像被施了魔法一样彻底改变。这句充满魔力的咒语就是"妈妈错了，请你原谅我"！

请你尽可能地回忆起所有曾让孩子伤心的事，真心实意地向孩子一件一件地道歉吧。到了那种时候，你才能真正体会到自己带给孩子多么孤独的回忆了吧。因为对于这个孩子而言，世界如此之大，唯有妈妈才会紧紧地抱住自己。

某位曾经喋喋不休的妈妈向她读小学三年级的孩子一一道歉。她潸然泪下,泪流不止。

那个孩子哭着喊着妈妈,一头扎进了妈妈宽大而温暖的怀抱。

那位妈妈紧紧抱住孩子,口中喃喃自语:"真不知道我有多少年没有这样紧紧地抱过你了,真是对不起。"

这对母子握手言和了!多么令人感动的一幕。自那以后,那孩子发生了惊人的变化,变得积极开朗了。

星期五

我发誓今天一天一定要做到以下几件事。

为了用妈妈的爱填满孩子的心,我要满足孩子提出的要求。

同时,还要微笑着送上爱的话语。

另外,有机会就要紧紧抱住孩子,一边让孩子感受到自己胸口的温暖,一边在孩子耳边轻声说:"妈妈非常喜欢你""你是妈妈的宝贝""不论发生什么事,妈妈我都支持你"。

无论发生什么事,都要积极彻底地站到孩子这边。

对于孩子而言,再没有比遭到妈妈嫌弃讨厌更悲惨的事情了。孩子无法从妈妈的话语或态度中感受到爱,会变得爱反抗、蛮不讲理。

昨天妈妈已经道过歉了,所以孩子的心灵创伤痊愈了。今天就让我们把妈妈的爱注满孩子那颗初愈的小心灵吧,这样孩子就会很快发生改变。

孩子听着妈妈的心跳时,心会很安定。因为妈妈的心跳就是孩子在妈妈肚子里时一直听着的摇篮曲。然后,你要在孩子的耳边轻声说:"妈妈非常喜欢你""你是妈妈的宝贝""不管遇到什么事,妈妈都支持你"。

孩子会非常开心地凝神倾听。孩子的脸上会显现出一种无以名状的真真正正的平和。对于孩子而言,再也没有比这更幸福的事情了吧。

请陪在孩子的身边睡觉,并重复上述行为。

对于初中生或者高中生,妈妈可以添上一些诸如"妈妈非常喜欢你,所以帮你捶捶肩"之类爱的话语。帮孩子掏耳朵或是揉脚的时候也请重复上述动作。

孩子对妈妈很放心，就会愿意在妈妈面前展现真实的自我，所以请妈妈不要抱怨，接纳孩子的一切，温柔地对待孩子。

有些孩子甚至会退化成婴儿向妈妈撒娇。请妈妈任由他撒娇，直到孩子满足为止。当孩子的心中满是妈妈的爱时，孩子就会开始自立，并独立前行。届时请妈妈彻底站在孩子这边，做好孩子的坚强后盾。孩子有了妈妈的支持，就会茁壮成长。

星期六

我发誓今天一天一定要做到以下几件事。

坚信孩子只有看到爸爸妈妈和睦相处时，才能拥有一颗安定的心。化解以前对丈夫的所有误解，接纳丈夫身上令人讨厌的不良性格，积极主动地与丈夫彻底搞好关系。为此，凡是丈夫提出的合理要求都要愉快友好地全部接受。

我不知道夫妻关系和睦会让孩子多么开心。它能使孩子感受到家庭的温暖，让孩子的心情安定，那种感觉就像两条腿稳稳地站在大地上一样。

父母经常吵架,反目成仇,相互冷战,家中就会像冰块一样寒冷。孩子无法专心学习,幼小的心灵备受煎熬。

长此以往,孩子将无法忍受,会去寻求家人以外的旁人慰藉。

仔细想想,婚姻本来就是两个满是缺点、毫不相干的大活人因为缘分结婚,开始共同生活的一种模式,所以夫妻间会相互抱怨、有各种不满再正常不过。

如果双方都把心中所想不加掩饰地直接表现在语言或态度上,那么家庭的分崩离析近在眼前。

就算你无法忍受婚姻生活想要离婚,这个岁数似乎也有些为时过晚。只要你冷静地思考一下,就会明白现在再去找一个令你满意的对象已经非常困难。或许现在双方已无需彼此客气,可以把任性的地方表现出来,这也是好事。

你帮你的另一半弥补他的不足,同时也让他来弥补你的缺点,然后相互包容,相互配合。好歹为了孩子,放弃固执己见,察觉到自己有错的一方,试着主动用"对不起,是我不好"来道个歉如何?

毫无疑问,小小的一句道歉就能扭转乾坤,令事态朝着好的方向发展。

星期天

我发誓今天一天一定要做到以下几件事。

今天一天我要做个温柔亲切的妈妈,让孩子和我在一起的时候感觉很愉快。

妈妈和好友喝咖啡聊天时的神情、打着电话咻咻窃笑时的笑容漂亮极了。明明是一张温柔幸福的笑脸,却在孩子从学校放学回来时,突然变得粗暴严厉。"作业做完了没?""钢琴练了没?"这样尖刻的话语也开始多了起来。

为了不被妈妈责骂,孩子会紧张地伸出天线,搜索妈妈的情绪电波。

如果每天亲子关系都是如此,那在一起会很累的。就算一天或者星期天能勉强忍受,一旦迎来寒暑假、春假这种较长的假期就会难以忍受。双方不免剑拔弩张。

今后的漫漫人生,比如只在家中来客人时好好搞下卫生，其他时候过得去就行怎么样？妈妈也应该放松下来，和孩子待在一起，努力想想如何愉快生活的方法。没什么特别难的。只要保持和朋友说话时的那张笑脸就行。

这样，孩子就会把自己的方方面面展示给妈妈看的吧！如此一来，妈妈就能发现孩子身上很多令人惊叹的优秀才能了。

妈妈的笑脸是孩子的活力源泉。

教育孩子的关键⑨

如何才能让妈妈更开心？

每天早上洗完脸后，对着镜子中的自己微笑。下定决心今天一天都要用温柔的微笑快乐地活着。

2

第二周行动指南

星期一

我发誓今天一天一定要做到以下几件事。

我不再以善恶为标准评判自己的性格,也不再用正确与否的眼光监视自己。

因此,我会停止改变自己的一切努力。给这样的自己打上满分一百分,让这样的自己安心。

我所遇到的大部分试图改变自己的人,包括我自己在内,都是几番尝试终归失败。

为什么会失败呢?因为改变自己几乎是一件不可能

的事。我自己也是最近才领悟到这点的。

很多试图改变自己的人都是在做无用功,浪费能量。

"我有善心也有邪念,有缺点也有优点。只要是人这都很正常。要给这样的自己打上满分一百分。百分之百地肯定自己。"

唯有如此,自己的心才能在体内找到安居之所。

人如果自我否定,有试图改变自己的想法,就容易不安,就会去探寻自己以外的那个自己,变得犹豫彷徨。

人的精神付出分为两种。

一种是要求自己成为更完美的人,把注意力都放在自己身上。为了改变自己,千辛万苦一天二十四小时不间断地努力。

另一种就是百分之百地肯定自己,给这样的自己打上满分一百分后,完全安下心来的人。这样的人或全身心地投入事业,或为了实现某种目标为后世留下什么而努力拼搏,并在努力的过程中付出辛劳。

与前者的付出相比,后者的付出更能使人生变得丰富多彩。

星期二

我发誓今天一天一定要做到以下几件事。

不对包括别人想法在内的看不见、听不到、不知道的事情疑神疑鬼。只关心那些看得见、听得到、自己知道的事，厚脸皮地积极生活。

我认识的几位妈妈正在小区旁的马路边说笑。当我路过那里时，有位妈妈朝我瞅了一眼后，突然压低了嗓音。顿时一股说不出来的厌恶涌上心头。我总觉得她们是在议论我，所以做起家务来也没了心思。

刚刚搬入机关宿舍、员工宿舍的年轻妈妈会因为过于担心而身形消瘦。就算不是新来的，越是胆小、谨慎、较真的妈妈越不能忍受这地狱般的痛苦。

只要你如数缴税、遵纪守法、不给别人添麻烦，谁也不会对你说三道四。你也完全没有必要顾忌周围人的看法小心翼翼地生活。

堂堂正正地厚脸皮地挺起胸膛生活即可。

对于那些误解你说你不好的人,你大可用"事情不是那样的""你误会我了"之类的话坦诚告之,大大方方、明明白白地向对方解释清楚。若非如此,那些恶意刁难之人会看出你软弱好欺负、怕遭报复、胆小怕事,越发忘乎所以地大肆攻击,坐实你坏人的罪名。

如果你没有做坏事,也没有妨碍到别人,就请果断放弃斗输后夹着尾巴逃跑的狗一样的生活吧。孤独又何妨?不依靠别人,坚持用自己的两条腿踩在地上踏实走路,就能遇到人生的挚友。

不再多疑诸如别人是怎么想你的这些看不见、听不见的事情,勇敢地生活。自己遵纪守法,就不用在意别人的说三道四。不再胆战心惊地过日子很重要。

星期三

我发誓今天一天一定要做到以下几件事。

心中的所有想法都是不受限制且无罪的。所以,无论心中对某人怀有多大的仇恨,只要没有给对方造成任何伤害,就都是无罪的。这样想,就能让自己的心不受束缚。

从小我就被灌输了"心中不能有仇恨、憎恶和恶意。心怀邪念就是罪恶。请痛改前非。必须保持心灵的纯洁和宁静"的思想。其结果就是让自己沦为了罪恶感和内疚自责的俘虏。

但是,某一刻我顿悟到一点,即"不论心中怎么想,只要不说出口对方就不会知道你的想法,也不会给对方造成任何伤害,所以想想是无罪的"。

于是,我的心情如眼前突然亮起了一盏明灯般豁然开朗,心中的束缚消失了,心也变得纯洁了。

当你急于让心变得纯洁时,反而会被心中的束缚搅成一团浑水。

请不要再去检查自己的心理活动是否正确,也不要去阻止不正确的心理活动。因为心是如风般自由自在,不便去惊动的东西。

有些时候是对方主动对你恶言恶语的,你的心情因此也会连带着变坏。这是很正常的事。在这种情况下,根源乃是对方,所有的错都是对方造成的,所以你只需安心即可。

星期四

我发誓今天一天一定要做到以下几件事。

人际关系是好是坏,稳定与否并不取决于彼此的心理活动,而在于直接影响对方的语言和态度。因此人际关系与心理活动无关。

不要说让人生气或使人不幸的话。不采取遭人误解的态度很重要。

星期五

我发誓今天一天一定要做到以下几件事。

将再也不可能回来的过去统统忘记或毅然舍弃。

不论过去自己做过什么都是无罪的,所以让自己掉价或失信的事都要保密到底。绝对不对任何人提起。

无论多么微不足道的事,只要它让我觉得不安、不满或是不幸,就不要维持原状,而要尝试解决。当自己无法解决时,要理解认可并保留意见。如果需要丈夫帮忙时,讲明缘由后让丈夫配合我。

所谓人生,就是现在的延续。活在当下最有效的方法就是跳出已经过去的以前。当今天晚上睡觉的时候，今天一天也就已经结束，去了你的手再也无法触及的地方。

既然上床了，就要卸去全身的力气，放松精神，安心酣睡。明天一早再神清气爽地开启新的一天。

向自己信任的人提起过的事兜兜转转地再次回到自己这里时，简直就像尾鳍上长出犄角的怪兽一样成了另一番模样。因为这种事常有发生，所以我们绝对不要说一些让自己掉价或有损自己信誉的事，要把这个秘密保守到底。若非如此，你会因为自己播下的种子而担心痛苦，甚至夜不能寐。

接下来，让我们来聊一聊大坝的话题吧。因为堤坝坚固无比，所以人们都很放心。就算堤坝上出现了一个小小的漏水口也置之不理。于是，不知不觉中不起眼的漏水口成了一个大窟窿，大雨滂沱之时，堤坝突然决口，给下游酿成了巨大的惨祸。

酿成惨祸的漏水口也是越小越容易修复。

当你意识到自己有不平不满、担心不安和不良情绪时，要下决心查明原因，一件一件地进行处理，直到让自己接受为止。如果置之不理,虽然有些会自然消亡,但有些则会引发更大的问题。

星期六

我发誓今天一天一定要做到以下几件事。

坚信孩子只有看到爸爸妈妈和睦相处时,才能拥有一颗安定的心。化解以前对丈夫的所有误解,接纳丈夫身上令人讨厌的不良性格,积极主动地与丈夫彻底搞好关系。

星期天

我发誓今天一天一定要做到以下几件事。

今天一天我要做个温柔亲切的妈妈,让孩子和我在一起的时候感觉很开心。

也要把微笑当作礼物送给孩子他爸。

教育孩子的关键⑩

如何让孩子变得聪明？

每天对着孩子说"你很聪明",还要让孩子自己说出来暗示自己。觉得自己聪明的孩子即便遭遇到失败,也会以此为契机腾飞的。

3

第三周行动指南

星期一

我发誓今天一天一定要做到以下几件事。

坚信孩子的头脑比我想象的要聪明,孩子的大脑隐藏着无限可能,经常暗示孩子"你很聪明"。用我的语言让孩子邂逅无比优秀的自己。

据专家介绍,所有婴儿的大脑中都长有一百四十亿个脑细胞,而人的一生中真正用到的脑细胞却只有其中的百分之十,约十四亿个。剩下的部分不是被浪费了,就是没被利用起来。

所以我相信每个孩子都是天才。

往孩子这台天才型超高性能电脑中输入最初信息（软件）的正是他的妈妈。

孩子是否会成为一个优秀的儿童，由妈妈最初输入到这个孩子脑中的信息（通过语言进行第一印象的暗示）决定。

从婴儿到幼儿阶段，妈妈最先应该在孩子这台电脑中输入的语言有"你很聪明""你是个天才""你积极向上，充满干劲""这样的你可以打满分一百分""我非常喜欢你"。

这样，孩子就会打下"我很聪明，我是个天才。我积极向上，充满干劲。我是个满分一百分的孩子。我非常喜欢自己"的人生最初的地基。在这种基础上长大的孩子会成长为不断做自己应该做的事、自立的优秀人才。

这是作为一个母亲馈赠给自己孩子的最佳礼物，再也没有什么可以与之比拟。

在养育孩子的过程中，努力不去使用"蠢货""不行""不准""快停下""磨蹭"等否定性语言。

请经常使用"了不起""做得真棒""好聪明"等肯定性语言。

孩子会通过妈妈的语言知道自己是一个怎么样的孩子,并塑造出妈妈口中所说的那个自己。

星期二
我发誓今天一天一定要做到以下几件事。

自己的情绪不再随着孩子的成绩好坏波动。所以就算孩子考了四十五分,我也不认为那是孩子的失败、有什么不好的,而把它看成是孩子的一种经历。我要温柔地让孩子把做错的地方重新做一遍。

大部分的妈妈都觉得孩子考试成绩好就是聪明,会很放心。反之,孩子学习成绩不好,有些妈妈就会很片面地断定孩子蠢笨,变得焦虑不安。其实,孩子聪明与否与考试分数高低毫无关系。

有些孩子平时读书不太用功,所以考试成绩平平只处于班级中游,但每次老师、同学提出问题的时候他都能率先给予解决。现实生活中的强者存活下来依靠的不仅仅是知识，还有智慧。

聪明就是充满智慧，具备解决问题的能力。让孩子具备解决问题能力最好的锻炼方法就是妈妈能高明地引导孩子高高兴兴地把考试中做错的题目重新做对。

不要因为孩子做错试题而大声呵斥，首先深呼一口气，温柔地宽恕孩子。

星期三

我发誓今天一天一定要做到以下几件事。

当孩子主动来帮忙时，即使孩子有偷工减料、做得不到位的地方也一律不抱怨，不吹毛求疵。对于孩子的帮忙要由衷地表示感谢。

爸爸从公司下班回来要十点多。妈妈出去了，七点多才回来。小学五年级的美津江和小学二年级的阿诚正在厨房里切胡萝卜准备晚餐。

今天妈妈回来的比平时都早。

妈妈一见到家里这情形，就怒气冲冲地呵斥道："晚饭妈妈会做，你们两个快给我学习去。瞧你们两个把这里弄得一团糟,待会儿我光收拾还要半天呢。"

两个人垂头丧气地逃进摆着电视机的房间。他们完全没了学习的心情。难得自己做顿晚餐也变得索然无味。

这位喋喋不休的妈妈后来意识到自己的态度是错误的,马上调整了方法,所以她非常棒。

这位妈妈觉得这一天会回来得比较晚,于是她给两个孩子写了一封信。

给我最爱的美津江
给我最爱的阿诚

妈妈有事外出了,晚上七点左右回家。

我回来得比较晚,所以请你们帮忙准备好晚餐。钱放在抽屉里。

放学回家很累了,还让你们做这些真不好意思。

妈妈

两个孩子从学校回来后就乐呵呵地去买食材了。

孩子们在碗里放入面粉,加水和饺子皮那会儿妈妈回来了。

"我回来了。"

"妈妈你回来了呀。"

"呦,你们已经开始做美食了呀,看着挺好吃的,我也来帮忙吧……"说着,妈妈笑眯眯地开始剥洋葱皮。

爸爸也比平时回来得早。

"孩子他爸,这些饺子是美津江和阿诚包的哦。"

"相当好吃哦。"

愉快的晚餐结束后,美津江和阿诚开始学习了。

孩子是非常喜欢帮忙的。当他们获得表扬,被人感谢时,幼小的心灵就会欢呼雀跃,目光也会炯炯有神,变得干劲十足。

妈妈应该把孩子帮忙的着眼点放在他们做这件事时是否开心,而非孩子帮忙做事的结果。只要对他们大加赞赏,用类似"谢谢,这下妈妈可轻松了"的语言真诚地表达谢意就好。这样一来,孩子就会开动脑筋让自己做得更好,从而提升自己。

星期四

我发誓今天一天一定要做到以下几件事。

孩子们自己选择、自己决定去做的事情，就算作为父母觉得不满意，也不要抱怨。不如积极地用类似"你选了个好东西，真不愧是……"的语言表扬他，满足他的愿望。

日本谚语有云：矫角杀牛，磨瑕毁玉。的确，如果管教孩子的方法出现了错误，就会扼杀孩子的干劲，使孩子变得死气沉沉。

就算父母再疼爱孩子，有时还是会犯决定性的错误。

那是因为父母给孩子的不是孩子想要的或者孩子需要的东西，而是父母一直认为好的东西。父母一直只给孩子他们觉得好的东西，孩子就无法感受到父母的爱，心会变得孤单冷漠，甚至还会怀恨在心。还有的父母觉得对孩子好就代替孩子选择或做决定，那么孩子的心就会失去跃动的"生命"。

孩子内心渴望自立的自我意识在成长，却被要求孩子乖乖听话的父母封杀，那种压力一旦超过了极限便会在某天突然爆发。

孩子的任性才是他干劲的体现。用高明的手段指引孩子的发展方向是妈妈的责任。

星期五

我发誓今天一天一定要做到以下几件事。

帮助孩子去寻找未来的梦想和目标。一起为孩子自己决定的目标高兴并珍视它。即使孩子的目标会隔三岔五地改变，也要每次给予表扬。

活在这个世上最悲惨的事莫过于没有自己热衷专注的远大梦想和目标了。

无论多么渺小的目标，只要是自己决定的，带来的就是新的生命和活力。

东京港上停泊着一艘阳光号轮船。船长是一位名叫山崎的矮个子男人。

每当有人问他"船长，这艘船的下一个目的港是哪里"时，他都会打着哈欠，揉搓着惺忪的睡眼回答说："不知道啊，请您自己问船吧。"不决定船行驶的目的地，船就不会起航。船长也只会无聊至极。

许多学生就像这位船长一样不知道自己将来的目标在哪里。

就算你问他"你以后想做什么"，他也只会回答"我不知道""我还没决定"。不清楚自己将来的目标，就无法从自己的学习中感受到意义，也不可能拥有做事的积极性。

而且，现在对于成人来说是比较富裕的时代，对于孩子来说是更加富裕的时代，生活的变化比以前大得多，所以决定自己将来该从事何种职业变得比以前困难。

以前的孩子，不得已要忍耐生活中的很多困难。并且，以前工作的地方和居住的地方几乎都在同一所房子里，看着父母工作的身影，孩子就描绘出了自己未来的样子。

现在的孩子们几乎看不到爸爸工作的样子，反而有时会看到爸爸疲惫不堪的可怜模样。而且，他们还可能从父母的抱怨中知道房贷压力和维持家庭生计的艰难。有些孩子慢慢对成人的世界失去了向往和憧憬，他们不再像过去的孩子那样希望尽快长大成人。

初二的奈美向我发牢骚说:"老师,九月十日是我的生日。我都快成阿姨了,真讨厌。"

就是那样一个奈美,当她下定决心要成为一名幼儿园老师的时候,她的眼睛开始熠熠发光。

无论是孩子还是大人,只要有了目标就会变得干劲十足,就会跨越眼前的障碍昂首前行。就算是惯于撒娇、很晚自立的孩子,也会因为有了自己喜欢的目标,发生惊人的变化。

星期六

我发誓今天一天一定要做到以下几件事。

坚信孩子只有看到爸爸妈妈和睦相处时,才能拥有一颗安定的心。化解以前对丈夫的所有误解,接纳丈夫身上令人讨厌的不良性格,积极主动地与丈夫彻底搞好关系。

星期天

我发誓今天一天一定要做到以下几件事。

今天一天我要做个温柔亲切的妈妈,让孩子和我在一起的时候感觉很开心。

也要把微笑当作礼物送给孩子他爸。

教育孩子的关键⑪

如何提高孩子的智商?

装作自己什么也不懂,让孩子来教你。然后告诉孩子他教你的东西多么管用,并向孩子表示感谢。

4

第四周行动指南

星期一

我发誓今天一天一定要做到以下几件事。

"早上好""你回来了呀""晚安"——我要用轻松的笑容、明快的语调,抢先向孩子们问好。

不要忘记说"谢谢"这个词。

也用同样的方式对待丈夫和其他家庭成员。就算丈夫、孩子和家人不回应我的问候,也不抱怨。另外,也不强求他们这么做。

"不知是不是酒劲未过的缘故,第二天我仍有些不舒服。'已经到时间了。再不起床就……'我这么想着起身去了盥洗室。"

"'爸爸,早上好!'大女儿用明快的声音微笑着向我问好。'早上好!'我不禁精神饱满地回应她。"

"当时我一下子感觉轻松了不少。真是不可思议!"大型建设公司营业部的牧山部长这样讲述他的经历。

连大人都有这样的感觉,所以如果爸爸妈妈能用精神明快的声音向孩子问好,孩子就会充满活力地回应爸爸妈妈的问候。

父母首先应该在态度上做出表率。

一个家庭中妈妈开心的问候会开启家中每个人心中的电灯开关,"啪"的一声照亮周围。

龙夫(小学五年级学生)的妈妈每天早上都会跟龙夫说"早上好",可他却从不回应,所以他的妈妈一直很担心。

有一次,他的妈妈听到隔壁家的妈妈表扬龙夫说"阿龙每次都跟我打招呼,真是个值得称赞的孩子啊"时大吃一惊。

于是他妈妈拽住龙夫问:"为什么每次妈妈跟你说

'早上好'的时候你都不回应呢？"

龙夫回答说："妈妈，因为就算我想回应你，你也从来不等着我。"

星期二

我发誓今天一天一定要做到以下几件事。

我要给全家人都打上满分一百分。然后找出孩子五个以上的优点，把它们写在纸上。不知道的时候可以问了自己的丈夫和孩子之后再写。

另外，分别找出丈夫和自己的五个以上的优点，写在纸上。

然后，把它们一一说给丈夫或孩子听。

让孩子变聪明、变强的简单有效的方法就是妈妈不断对着孩子重复"你现在这样就是满分一百分，你是个聪明的孩子"。

这样孩子就会确信"现在的自己就是满分一百分。自己很聪明"。

得到自我肯定的孩子大脑会飞速发展，学习运动都会不断进步。

大家都知道就算指出了对方的缺点和失败之处也不一定可以马上改正。不要在意，把它们放下就是最好的处理办法。

我发现有个叫信介的学生（读小学五年级）突然变得干劲十足了。我感到不可思议，便问了他其中的原因，原来吃晚饭的时候他妈妈表扬了他的五个优点和长处。

为了让信介变成一个好孩子，他妈妈停止了以前喋喋不休地数落孩子缺点和失败经历的方法，开始表扬他的优点了，所以他大为震惊。

这就像爸爸只要表扬妈妈的五个优点，并说一句"你总是干得不错，真谢谢了"，妈妈的疲劳和腰酸背痛就会一下子恢复了一样。

妈妈和孩子们一起说出爸爸的五个优点吧。因为家庭的纽带就是由每个人的优点连接而成的。

星期三

我发誓今天一天一定要做到以下几件事。

我要把孩子当成一个优秀的咨询顾问。

因此，我不再做掌控孩子人生的掌权者，而要成为孩子的咨询顾问。

我也有过这样类似的经历。坐在旁边的 A 课长拜托他的部下太田说："这个该怎么解释呢？不好意思，你能帮我出个主意吗？"

太田眼睛一闪，他微微一笑心情大好。他非但没有看不起找自己商量的课长，还感受到了来自课长的亲近感与尊重。为了 A 课长，他拼命工作，还会把自己不懂的事（不仅限工作）轻轻松松地拿出来和课长讨论。

我经常看到孩子因遭到校园欺凌或被父母斥责后，用自己的双手了结生命的新闻报道。

自己痛苦得想要自杀，却宁愿把这种痛苦深埋心中，为什么不能向身边最亲近的父母袒露自己的心声呢？

那是因为只要孩子说上几句心里话，父母就会开始其"正确"而冗长的说教并进行追讨，"你也一定有错吧"，而根本没有意愿听完孩子所有的倾诉。

孩子想要的是父母的温存和理解,以及耐心倾听的态度。

常言说得好:越是正确的人越冷淡。

当孩子开始敞开心扉时,要用温暖的眼神注视着他静静倾听。还有,最好的办法就是把自己小时候的相似经历说给孩子听,然后用"所以妈妈很能理解你的心情"的话语表达对孩子的同情。

平时要多在轻松愉快的氛围中与孩子商量,让孩子帮忙出主意。这样孩子也会很轻松愉快地找父母讨论事情。

平时就要营造一种什么都能拿出来轻松商量的氛围,这对构建良好的亲子关系很有必要。

星期四

我发誓今天一天一定要做到以下几件事。

提醒孩子时要低声细语,还要便于孩子理解。一旦感觉自己的言辞过于严厉,要马上道歉:"我说话太严厉了,真对不起。"

要对孩子过去所犯的过错或失败既往不咎。绝对不要把孩子过去所犯的错误或过失拿出来反复唠叨。

一直以来，我都有从学长或妻子那里获得忠告。从经验而言，我希望给出忠告的人能提出一些便于对方理解且能够让对方接受的忠告。还有，提出忠告时，要用平静的语调。我想，谁都不会拒绝去听别人在顾及自己颜面的情况下提出来的忠告吧。

所谓忠告，就是用言语让对方注意到自己言行上的错误，随后由对方靠自己的意志改变自己的行为。如果没有理解和宽容做基础，忠告就不会成立。所谓忠告，是进一步加深彼此间信赖关系的一种方法。那是真正意义上的管教。斥责和喋喋不休的抱怨并不是管教。应该没有人会在一阵阵尖利的抱怨声中老老实实地想"嗯，是我不好。我再也不那么做了"吧。他只会对这些抱怨产生反感和憎恨。

在给孩子提出忠告时，请不要在话中带有讽刺和挖苦，而且还得找个恰当的时机。请只对孩子现在所犯的错误给予忠告，绝对不要提及孩子过去的糗事或翻旧账。另外，在给孩子提出忠告时，不要同时罗列两到三件做得不好的事,而只能提一件。

如果孩子尚且年幼,请妈妈蹲下身来注视孩子的双眼,或握着孩子的手,或把手搭在孩子肩上,温柔地提出忠告,要注意忠告应便于孩子理解。

一边在厨房切菜,一边对着孩子喋喋不休是没有什么效果的,应该停止这种方法。管教孩子或给予孩子忠告时,应认真地与孩子面对面。

孩子最想知道的是,妈妈为什么要给我忠告。所以妈妈要用简洁的语言对忠告内容做通俗易懂的解释。

接下来,还要让孩子明白——为什么那种做法是错误的,以及说出必须停止的理由。

此时,请不要忘记地球上并不存在不犯错的人这个事实。而且,还有很多事不经过时间的考验是无法判断对错的。

人都会犯错。一次又一次原谅自己孩子的人才是父母。父母要成百上千次无条件地原谅孩子。如果不原谅孩子,孩子就很难改过自新。有些孩子就是抱着给不原谅自己的父母惹麻烦的心态,才会重复做坏事的。所以,一旦原谅了,父母就要对一切既往不咎,甚至完全忘记。父母的错误在于永远拘泥于过去。

星期五

我发誓今天一天一定要做到以下几件事。

一有机会，就要对孩子的优点进行表扬。还要让孩子教我，从孩子身上学习。还有，要告诉孩子他教我的东西非常有用，并向孩子表示感谢。这样一来，孩子就能深刻体会到人生的价值和活着的喜悦。

有些妈妈认为对孩子过多的表扬会让孩子像得到天下般忘乎所以，是非常难为情的事，但是这种担心是没有必要的。

一旦春天来临天气转暖，草木就会开始疯狂地生长。

以前我曾有过这样的经历：因为我觉得院子中的树木生长过于茂盛，就趁其生长最旺盛的时候用修枝剪剪去了树枝，结果树木越来越没有精神，最后还枯萎了。

幼儿到小学生、中学生的年龄，正好处于春天嫩芽生长的阶段吧。此时，孩子的智力和身高都处于一个快速增长的时期。要让孩子忘乎所以地尽情生长。

如果因为妈妈觉得难为情就动用剪刀,就会让孩子失去生理成长和心智发育的力量。

孩子忘乎所以时,有时也会"失足落水",不过那也是一种经历,会让孩子学到东西。

无论你怎么表扬都没有反应的孩子,才更难成长。

星期六

我发誓今天一天一定要做到以下几件事。

坚信孩子只有看到爸爸妈妈和睦相处时,才能拥有一颗安定的心。化解以前对丈夫的所有误解,接纳丈夫身上令人讨厌的不良性格,积极主动地与丈夫彻底搞好关系。

星期天

我发誓今天一天一定要做到以下几件事。

今天一天我要做个温柔亲切的妈妈,让孩子和我在一起的时候感觉很开心。

也要把微笑当作礼物送给孩子他爸。

教育孩子的关键⑫

如何让孩子变得强大？

坚持对孩子说:"你是个强大的孩子。你很有勇气。"要暗示孩子他自己很强大。

5

第五周行动指南

促使孩子发生惊人转变的"妈妈讲座"一周一次,为期四周。

有位连续参加了三次讲座的妈妈是这样描述她的感受的。

"第一次参加'妈妈讲座'时是用大脑理解课程内容的,所以获得的是知识。第二次参加'妈妈讲座'时是用心来理解课程内容的。而连着三次参加'妈妈讲座'时,则是用身体来记忆和掌握课程内容了。"

请家长们保持不屈不挠的精神,铭记"坚持就是力量"的信条,让孩子保持朝着自己的目标茁壮成长的势头,认真贯彻实施本书中所写的内容。不过,贯彻实施时请家长保持轻松乐观的心态。一定会成功的。

星期一
我发誓今天一天一定要做到以下几件事。

为了让孩子的心中充满妈妈的爱,不要忘记之前学到的内容并持续贯彻下去。

孩子心中真正渴望的既不是可口的糕点,也不是零花钱,而是妈妈的爱,也就是温暖的心灵交流,如"我很喜欢你""我会站在你这边"等温柔的话语。

而且,妈妈是把自己带到这个世界上的最亲近的人,孩子希望妈妈能够承认自己是一个可以独当一面的人,并这样信任他。

再没有比能够让妈妈依靠,被妈妈需要更令人开心的事情了。

如果妈妈能够满足孩子的这些强烈愿望,孩子就有可能会变得聪明强大,成为有长进的孩子。

星期二

我发誓今天一天一定要做到以下几件事。

我要努力爱上自己,把对过去、现在、未来的担心和不安等束缚之心,以及别人会怎么想我的不安和虚荣统统丢弃,拥有一颗无拘无束的自由之心,能够正确地看待和判断现实中的真实自我。

然后,给真实的自己打上满分一百分,倾听自己内心的声音。

世上最不幸的人,就是一天二十四小时都讨厌自己的人。

如果一个人讨厌自己,就会连同讨厌自己身边的人、周围的环境和自己的命运,总会抱怨不迭。在这种人的心目中,哪怕是大白天,世界也像戴着太阳眼镜一样晦暗。

给真实的自己打上满分一百分,并这样活着是很幸福的。你这样想了,就会看到自己的长处和小小的幸福,那么世界也会变得灿烂光明。

无论多么微不足道的事,都不要忘记道一声谢谢。

然后将自己的心灵放空，在内心的声音即信念的指引下生活下去很重要。

星期三

我发誓今天一天一定要做到以下几件事。

当意识到错在自己时，不管对方是丈夫还是孩子，都要主动诚恳地向他们道歉，说声"对不起"。不要求丈夫和孩子改变。

也不要忘记使用"谢谢"这样的感谢之词。

真心实意地营造一个温馨愉快的家。

能够真心实意主动道歉的妈妈是伟大的妈妈。因为一句"对不起"能把一家人用温柔体贴维系在一起。

而且，懂得感恩的人的内心是很丰富的。如果妈妈懂得感恩，家中就会温暖如春。

星期四

我发誓今天一天一定要做到以下几件事。

父母因为需求和想法（价值观）上的差异与孩子对

立时，不要站在家长的角度生气失望，而应该满怀诚意地与孩子对话。但是，当孩子无论如何都不肯妥协时，作为父母，要以一颗温暖宽大的心相信孩子，将对孩子的信任告诉他，并赋予孩子采取行动的自由。

然后，就算孩子身上发生了任何事，父母都要用一颗体恤的心宽恕孩子的过错，并且温暖地迎接孩子。因为孩子会在感受到内心伤痛的同时，细细体会人生的宝贵教训。

大多数情况下，孩子都不觉得自己的需求会给父母造成直接的麻烦。因此，他们觉得自己可以随意地那么想、那么做。

比如：服装、鞋子、裙子的长短、发型、朋友、化妆、随身物品、想读的学校、学院、职业、结婚、性的问题、回家时间、读物、要学的技艺、兴趣爱好、音乐等等。

当亲子的价值观产生对立时，如果父母对于孩子的需求摆出置之不理的态度一意孤行的话，孩子就容易认为父母是死脑筋，一点也不懂自己，而故意做出与父母意见相左的行动。

另外,当孩子有一些无法对父母言明的烦恼时,父母的强势态度有时会把孩子慢慢推向父母无法掌控的世界中去。

当父母与孩子的价值观、想法对立时,就算亲子间发生了激烈的争吵,只要之前已经建立起了亲子间的信赖关系就没有问题,也不会有悲剧发生。而且,父母能否站在孩子的角度思考非常重要,父母要想到自己也会有犯错的时候,想想如果自己处于孩子的位置是否也会那么做。

父母在日常生活中表现出来的态度,影响着孩子的想法。

星期五

我发誓今天一天一定要做到以下几件事。

感到困惑为难时,努力寻求帮助。

我相信一定会有人给予我帮助的。

我的信念就是"努力活好每一天。"

星期六

我发誓今天一天一定要做到以下几件事。

我发誓要把今后的人生当作一台制造快乐的机器,为了大家的幸福不懈努力。

星期天

我发誓今天一天一定要做到以下几件事。

和丈夫一起快乐积极地享受人生。要给孩子们满满的母爱。

教育孩子的关键 ⑬

怎么才能让孩子茁壮成长?

不胡乱地轰撵孩子。当孩子主动与你说话时要认真倾听,然后告诉孩子:"在客人、老师面前,或在教室里时,必须要懂礼貌守规矩。其他时候可以自由些",并这样关注孩子的成长。

后　记

妈妈生下了我。

奶奶生下了我爸爸。

无论活到几岁，只要任我撒娇、倾听我心声的妈妈尚在人间，就是人生最大的幸福。

小学六年级考初中时败下阵来的我，成了爱哭鬼的俘虏。战后不久，从乡下去东京后遭人侮辱，躲在草丛中哭泣的一幕，犹如昨天发生的一般。

为了缅怀远在天堂的妈妈，我写下了《妈妈的足迹》这首诗。

妈妈的足迹

曾经轻许

永远陪伴我的妈妈

撒手去了天堂。

令人兴奋的运动会上

我和我最爱的妈妈

参加了两人三足的游戏比赛

滑倒摔跤再站起来

终于最后一名冲过了终点

蹭破了膝盖

匆匆攀上的小山头上

弥漫着咸梅干、筒状鱼卷和煎鸡蛋的香味

那是难以忘怀的妈妈的味道

入学考试不合格

妈妈陪着我一起哭

我的泪水濡湿了

拥抱着我的妈妈的宽大胸怀

和煦的春天的马路上　飘雪的冬天的冰道上

有妈妈与我同行

妈妈的两行脚印

紧紧抵着我的两行脚印

风雨交加的坡道上

夜晚骇人的街道边

我的妈妈

你到底去了哪里

为什么只有孤单的两行脚印

我仰天疾呼

我最难熬的时候

我最绝望的时候

妈妈你怎么忍心舍我而去

留下我一个人孤孤单单

妈妈温柔地说道

可爱的儿子

我从未离开你

从未弃你不顾

妈妈背着你

满怀祝福地陪你前行

所以那两行足迹

才会那么地深沉

如果读者能一并参考我的其他几本书《日本妈妈的正能量亲密教养课》《越是表扬孩子越能茁壮成长》《我心放松》《一本让心情舒畅安闲的书》(均由PHP研究所出版),我将备感荣幸。我衷心祝愿满分一百分的你能奋斗到底。

最后,我要向为我的原稿提出宝贵意见、不辞辛苦地帮我确认的妻子康子和PHP研究所宇佐美明美的全方位帮助表达我深深的谢意。如果没有宇佐美明美的帮助,本书将无缘问世。

山崎房一

图书在版编目（CIP）数据

不急不吼做妈妈 /（日）山崎房一著；程俐译. --
杭州：浙江教育出版社，2019.11（2020.6重印）
ISBN 978-7-5536-9091-9

Ⅰ.①不… Ⅱ.①山…②程… Ⅲ.①家庭教育—通俗读物 Ⅳ.①G78-49

中国版本图书馆CIP数据核字(2019)第123975号
引进版图书合同登记号 浙江省版权局图字：11-2018-579

OKAASAN NO GAMIGAMI GA KODOMO WO DAMENISURU
Copyright©1993 by Yasuko YAMAZAKI
First published in Japan in 1993 by PHP Institute, Inc.
Simplified Chinese translation rights arranged with PHP Institute, Inc.
through Bardon-Chinese Media Agency

本书中文简体版权归属于银杏树下（北京）图书有限责任公司

不急不吼做妈妈

[日]山崎房一 著 程俐 译

选题策划：北京浪花朵朵文化传播有限公司	出版统筹：吴兴元
责任编辑：王凤珠	特约编辑：方宣尹 倪婧婧
美术编辑：韩 波	责任校对：余理阳
责任印制：曹雨辰	封面设计：李欣晶
营销推广：ONEBOOK	

出版发行：浙江教育出版社（杭州市天目山路40号 邮编：310013）
印刷装订：北京天宇万达印刷有限公司（北京市海淀区苏家坨镇草厂村南1号）
开本：787mm×1092mm 1/32 印张：7.25 字数：105 000
版次：2019 年 11 月第 1 版 印次：2020 年 6 月第 2 次印刷
标准书号：ISBN 978-7-5536-9091-9
定价：35.00 元

官方微博：@浪花朵朵童书
读者服务：reader@hinabook.com 188-11142-1266
投稿服务：onebook@hinabook.com 133-6631-2326
直销服务：buy@hinabook.com 133-6657-3072

后浪出版咨询(北京)有限责任公司
常年法律顾问：北京大成律师事务所 周天晖 copyright@hinabook.com
未经许可，不得以任何方式复制或抄袭本书部分或全部内容
版权所有，侵权必究
本书若有质量问题，请与本公司图书销售中心联系调换。电话：010-64010019